www.tredition.de

AF196378

RALF BLASIG

***

ALTES EINBECK

Porträt einer Kleinstadt im demografischen Wandel

www.tredition.de

© 2021 Ralf Blasig

Verlag und Druck:
tredition GmbH, Halenreie 40-44, 22359 Hamburg

ISBN
Paperback: 978-3-347-23130-6
Hardcover: 978-3-347-23131-3
e-Book: 978-3-347-23132-0

Inhalt

Vorwort

Dieses Buch erscheint in der Zeit der Corona-Pandemie, die unser Leben prägt. Viele Menschen sind in Sorge um Angehörige, den Arbeitsplatz oder die eigene Gesundheit. Das alles ist sehr ernst zu nehmen und derzeit besonders dringlich. Dennoch erscheint es mir wichtig, die Herausforderungen im Blick zu behalten, die uns über das erhoffte Ende der Pandemie hinaus erhalten bleiben werden. Dazu gehört das Altern und Schrumpfen der Bevölkerung.

Im vorliegenden Buch beschreibe ich exemplarisch, wie der demografische Wandel das Gesicht einer Kleinstadt verändert. Zugleich möchte ich zu der Diskussion beitragen, welche Handlungsoptionen gerade finanzschwachen Kommunen wie Einbeck zur Verfügung stehen.

Mein Dank geht an alle Interviewpartner, mit denen ich seit 2018 über Pflege, Fachkräftemangel, Altersarmut, Leerstand und viele weitere Themen gesprochen habe. Die Interviews bilden die Grundlage und den umfangreichsten Teil des Buchs.

Aus Gründen der Lesbarkeit nutze ich überwiegend die männliche Form – siehe „Interviewpartner". Selbstverständlich sind mit solchen Personenbezeichnungen alle Menschen gleich welchen Geschlechts gemeint.

Ralf Blasig

1. Einleitung

Der demografische Wandel verändert Deutschland ebenso schleichend wie fundamental. Seit Jahrzehnten altert die Bevölkerung infolge des Geburtendefizits – in Zukunft wird sie voraussichtlich auch schrumpfen. Daten des Statistischen Bundesamts[1] zeigen das erwartete Ausmaß des Wandels:

- Bis 2035 sinkt die Zahl der Erwerbsfähigen um 4 - 6 Millionen.
- Die Zahl der Senioren (ab 67 Jahre) nimmt bis 2039 um 5 - 6 Millionen zu.
- Die Gesamtbevölkerung von heute 83 Millionen wächst zunächst noch leicht, geht aber spätestens ab 2040 zurück. Im Jahr 2060 wird sie voraussichtlich zwischen 74 und 83 Millionen Einwohnern liegen.

Bei ihrer Vorausberechnung gehen die Statistiker keineswegs von pessimistischen Horrorszenarien aus. Sie unterstellen eine relativ stabile Geburtenrate zwischen 1,4 und 1,7 Kindern je Frau – heute sind es 1,5. Sie rechnen bis 2060 mit einem weiteren Anstieg der Lebenserwartung bei Frauen um drei bis sechs Jahre und bei Männern um vier bis acht Jahre. Außerdem gehen sie von einer durchschnittlichen Nettozuwanderung von 147.000 bis 311.000 Menschen pro Jahr aus. Zum Vergleich: Der langfristige Durchschnitt der Jahre 1955 bis 2018 liegt bei 221.000 Menschen. Kein Schwarzmalen also, sondern die Fortschreibung bestehender Trends in gewissen Schwankungsbreiten.

Die Folgen des Wandels sind vielerorts schon deutlich zu spüren. Denn: Die demografische Entwicklung verläuft sehr ungleich. Während Großstädte wie Berlin wachsen, müssen andere Regionen bereits mit deutlichen Bevölkerungsverlusten umgehen.

Das vorliegende Buch beschreibt am Beispiel der südniedersächsischen Kleinstadt Einbeck, wie der demografische Wandel eine alternde und schrumpfende Kommune verändert, wie Politiker, Unternehmer und Bürger mit den Auswirkungen umgehen und sie gestalten. Es geht aber nicht nur um Einbeck. Deutschlandweit leben viele Menschen in Gemeinden von vergleichbarer Struktur.

In ihrem „Wegweiser Kommune" hat die Bertelsmann-Stiftung mehr als 3.000 Orte in Demografietypen eingeteilt. Gemeinsam mit knapp 250 anderen Gemeinden zählt Einbeck zum „stark schrumpfenden und alternden" Typ. Bundesweit sind rund 2,6 Millionen Menschen in diesen Orten zu Hause. Es handelt sich überwiegend um kleinere und mittlere Kommunen, die zu einem großen Teil in Ostdeutschland sowie in strukturschwachen Gegenden Westdeutschlands liegen.

Typisch für diese Gemeinden sind laut Bertelsmann-Stiftung ausgeprägte demografische Probleme. Oft findet sich auch ein unterdurchschnittliches Einkommensniveau, ein überdurchschnittlicher Bezug von Hartz IV und eine geringe kommunale Finanzkraft. Einbeck passt ins Bild: Die Stadt durchläuft einen schmerzhaften Konsolidierungsprozess, zu dem das Land Niedersachsen mit einer Entschuldungshilfe beiträgt. Bestandteil eines sogenannten Zukunftsvertrags, der spätestens im Oktober 2021 ausläuft, ist beispielsweise eine Deckelung der freiwilligen Leistungen, die die Stadt aus ihrem Haushalt bezahlen darf. Der Anteil der Empfänger von Arbeitslosengeld II liegt über dem Landesdurchschnitt[2].

Kommunen des stark schrumpfenden und alternden Typs sitzen gewissermaßen in einem Boot mit Einbeck. Sie können dort gute Ideen entdecken - aber auch Handlungsweisen, die sie besser nicht kopieren sollten. Grundlage des Buchs sind Interviews mit mehr als 30 Akteuren, die seit 2018 im Blog demografischerwandel.blogspot.com erschienen sind.

2. Altern und Schrumpfen

Der Rückblick auf ein knappes Jahrzehnt genügt, um zu erkennen: In Einbeck ist der Bevölkerungsschwund keine Zukunftsmusik – Einbeck steckt mittendrin. Lebten Ende 2011 noch mehr als 32.000 Menschen im heutigen Stadtgebiet, so waren es Ende 2019 nur noch knapp 30.700 Personen[3]. Ein Rückgang um 1.300 Einwohner – das mag überschaubar klingen. Aber zweierlei ist zu bedenken. Erstens: Das Jahresende 2019 ist nicht der Schlusspunkt, sondern nur eine Momentaufnahme. Zweitens: Über längere Zeiträume summieren sich moderat wirkende Rückgänge zu hohen Verlusten.

Ein wichtiger Wendepunkt für die demografische Entwicklung ist das Jahr 1972 – seitdem sterben deutschlandweit jedes Jahr mehr Menschen als geboren werden. Damals lebten im heutigen Einbecker Stadtgebiet noch gut 40.000 Personen. Der Bevölkerungsrückgang von fast einem Viertel binnen 50 Jahren zeigt, wie massiv der demografische Wandel auf lange Sicht wirken kann.

Wo aber ist das Problem, wenn an einem Ort weniger Menschen leben? Ein Beispiel sind die Kosten der Infrastruktur, etwa der kommunalen Straßen, die von weniger Bürgern zu tragen sind. „Wir haben schon heute einen hohen Aufwand für Instandhaltung und Erneuerung. Bei sinkenden Einwohnerzahlen steigen die Ausgaben pro Kopf nochmals erheblich", sagte Einbecks Bürgermeisterin Sabine Michalek (CDU) bereits 2018. Besonders gravierend ist dieser Effekt in dünn besiedelten Kommunen. Zum Vergleich: Mit 231 Quadratkilometern ist das Einbecker Stadtgebiet größer als das der Landeshauptstadt Hannover (204 Quadratkilometer), wo mehr als eine halbe Million Menschen leben.

Es geht jedoch nicht nur um die Gesamtzahl der Einwohner – ebenso wichtig ist die Altersstruktur. Denn: Wo weniger Kinder geboren werden, droht Schulen die Schließung. Wo weniger Erwerbsfähige leben, kämpfen Firmen mit Fachkräftemangel. Wo es mehr Senioren gibt, steigt der Bedarf an Pflegeleistungen.

Ein Vergleich der Jahre 2011 und 2019 zeigt, dass Einbeck nicht nur schrumpft, sondern auch altert. In diesem Zeitraum sank die Zahl der Minderjährigen um 9 Prozent und die Zahl der Erwerbsfähigen um 6 Prozent. Dagegen stieg die Zahl der Senioren um 3 Prozent. Verantwortlich dafür war der kräftige Zuwachs bei Hochbetagten ab 80 Jahren.

Einbecks Einwohner

	2011	2019	Veränderung in %
Minderjährige (0 - 18 Jahre)	5.030	4.568	-9
Erwerbsfähige (18 - 65 Jahre)	19.147	18.050	-6
Senioren (65 Jahre +)	7.844	8.071	+3
Gesamt	32.021	30.689	-4

Quelle: Landesamt für Statistik Niedersachsen

Grundlegende Ursache dieses Wandels ist das Geburtendefizit. Durchschnittlich sterben in Einbeck pro Jahr rund 200 Menschen mehr als geboren werden. Anders als in vielen Großstädten wird der Bevölkerungsverlust jedoch nicht durch Zuwanderung ausgeglichen.

Die Statistik zeigt: Zwischen 2000 und 2019 hat Einbeck pro Jahr durchschnittlich 66 Einwohner durch Wanderungsbewegungen verloren - 1.374 Wegzügen standen im Durchschnitt 1.308 Zuzüge gegenüber. Nur in 6 von 20 Jahren fiel der Gesamteffekt von Zuzügen und Wegzügen positiv aus. Selbst die größte Netto-Zuwanderung von 195 Personen im Jahr 2015 (in der Zeit der großen Flüchtlingsbewegungen) genügte nicht, um die Einwohnerzahl steigen zu lassen. Immerhin: Seitdem konnte Einbeck in vier von fünf Jahren einen Wanderungsgewinn verbuchen.

Soweit die Vergangenheit - wie sieht die künftige demografische Entwicklung aus? Für Einbeck liegen derzeit Berechnungen des Statistischen Landesamts und der N-Bank vor[4]. Sie unterscheiden sich im Prognosezeitraum und in der erwarteten Wucht des Wandels. Die Tendenz jedoch ist klar - das Altern und Schrumpfen setzt sich fort.

Das **Landesamt für Statistik** geht von einem Einwohnerrückgang von fünf Prozent bis 2028 aus. Mit einem spürbaren Wachstum rechnen die Statistiker nur bei den Senioren. Deutliche Rückgänge erwarten sie dagegen bei den Erwerbsfähigen. Die Zahl der jungen Einbecker bis 15 Jahre bleibt nach diesen Berechnungen vorerst stabil.

Die **N-Bank** erwartet für die kommenden 20 Jahre einen Einwohnerverlust von rund 6.000 Personen. Laut dieser Prognose schrumpfen bis 2040 alle Altersgruppen mit Ausnahme der Menschen ab 75 Jahren.

Einbecks künftige Einwohner

	Landesamt für Statistik (Prognosejahr: 2028)	N-Bank (Prognosejahr: 2040)	Ist-Wert (31.12.2019)
Minderjährige	3.799 (0 - 15 J.)	3.705 (0 - 17 J.)	3.793 (0 - 15 J.) 4.302 (0 - 17 J.)
Erwerbsfähige	14.298 (25 - 65 J.)	11.203 (18 - 59 J.)	16.030 (25 - 65 J.) 15.106 (18 - 59 J.)
Senioren	8.804 (65 Jahre +)	9.747 (60 Jahre +)	8.071 (65 Jahre +) 10.460 (60 Jahre +)
Gesamt	29.292	24.655	30.689

Quellen: Bevölkerungsvorausberechnung 2019 und Bevölkerungsdaten des Landesamts für Statistik; Bevölkerungsprognose der N-Bank 2017 - 2040

Die Gegenüberstellung zeigt: Eine Trendwende hin zu steigenden Einwohnerzahlen ist extrem unwahrscheinlich. Das bedeutet nicht, dass sich die Stadt nicht um eine günstigere Bevölkerungsentwicklung bemühen sollte. Mindestens ebenso wichtig ist es aber, den laufenden Prozess des Alterns und Schrumpfens sinnvoll zu gestalten.

3. Bauen und Wohnen

Während in vielen Großstädten die Immobilien immer knapper werden, beherrscht in Einbeck ein ganz anderes Problem die Debatte: Leerstand. Große Aufmerksamkeit bekommen vor allem die ungenutzten Fachwerkhäuser im Stadtzentrum. Kontrovers diskutieren Kommunalpolitiker, Unternehmer und Verwaltung über die Ursachen und Konsequenzen des Leerstands. Gleichzeitig steht die Stadt vor der Frage, wie viel Neubau sie sich künftig noch leisten will und wie altengerechter Wohnraum entstehen kann. Aber der Reihe nach.

Die Grundüberlegung ist simpel: Weniger Menschen brauchen weniger Wohnraum, sodass Einbeck unter dem Strich eher abreißen als bauen müsste. Ein Gefühl für die Herausforderung vermittelt ein Wohnraumkonzept der Verwaltung von 2017:

- Bis 2030 sinkt die Zahl der Privathaushalte demnach von rund 15.600 (2016) auf etwas mehr als 14.500. Bis 2035 setzt sich der Rückgang bis auf 13.900 Haushalte fort.
- Der Rückgang betrifft alle Haushaltsgrößen – von einer bis fünf Personen.
- Bis 2030 ergibt sich in der quantitativen Betrachtung ein Überhang von jeweils mehreren hundert Wohnungen in Mietshäusern (rechnerisch 275 Wohneinheiten) und im Wohneigentum (rechnerisch 457 Wohneinheiten) gegenüber 2016. Ersatzbedarf ist bereits berücksichtigt.

Es geht hier nicht um die exakten Zahlen, die sich über einen Zeitraum von mehr als einem Jahrzehnt kaum präzise vorhersagen lassen. Wichtig und verlässlich ist die Grundaussage: Hunderte Einbecker Wohnungen werden mittelfristig nicht mehr gebraucht.

Der erwartete Überhang trifft auf den schon vorhandenen Leerstand – und der ist in der historischen Altstadt besonders konzentriert. Bei einer Erhebung im Auftrag der Stadt zählte ein Leipziger Planungsbüro 51 Leerstände und 140 Teil-Leerstände allein innerhalb der alten Stadtbefestigung. Fast 30 Prozent aller Hauptgebäude waren betroffen.

Hübsch dekoriert - die Sch(l)aufenster

Gerade im Stadtkern ist der Leerstand von Wohnungen kaum vom Leerstand in Geschäftsräumen zu trennen – nicht selten findet sich beides im selben Haus. Im Vergleich zum Wohnungsmarkt ist der Einfluss der Bevölkerungsentwicklung auf die Nutzung von Gewerbeimmobilien weniger klar. Die Ursachen für Leerstand sind komplexer. Sie reichen von der wachsenden Konkurrenz durch Online-Händler bis zu Größe und Zuschnitt verfügbarer Räume. Es ist jedoch plausibel, dass auch die sinkende Zahl potenzieller Kunden den Einzelhandelsstandort belastet und damit zum Leerstand beiträgt.

Seit mehreren Jahren bemüht sich die Bürgerinitiative Sch(l)aufenster, Auslagen ungenutzter Geschäfte zu dekorieren und damit das Stadtbild zu verbessern. Die Idee: Künstler, Vereine, Sammler oder Schulen können die Fenster kostenlos gestalten und sich darin präsentieren. Gleichzeitig wird die Innenstadt ansehnlicher und interessanter für Einheimische und Touristen.

In den Fenstern finden potenzielle Mieter zudem die Telefonnummer der Bürgerinitiative, die bei Interesse den Kontakt zu Hauseigentümern herstellt. Die Sch(l)aufenster-Initiative gilt lokal wie überregional als Erfolg.

Im Interview sagte Vorsitzender Hans-Jürgen Kettler im Frühjahr 2020: „Als wir anfingen, zählten wir rund 60 Leerstände, die

Graufenster. Von diesen Fenstern sind 33 wieder in einer wirtschaftlichen Nutzung. Ein gutes Beispiel ist ein früherer Lebensmittelladen am Neuen Markt. Der stand lange leer, bis wir das Fenster mit einer Ausstellung des Bürgerspitals füllten. Heute mietet eine Versicherungsagentur die Räume. Andere Gebäude werden von Gastronomen, Fahrschulen oder politischen Parteien genutzt. "

Sanierungsstau im Fachwerk

Als Hemmnis für die Vermietung von Innenstadt-Immobilien gilt der Sanierungsstau, der sich über die Jahrzehnte in vielen Fachwerkhäusern gebildet hat. Nach Einschätzung von Insidern ist der Investitionsbedarf in vielen Gebäuden so hoch, dass er die finanziellen Möglichkeiten der Eigentümer übersteigt.

Auch das hohe Alter etlicher Hausbesitzer gilt als Problem. „Viele sanierungsbedürftige Immobilien gehören betagten Menschen, die nicht das Geld für notwendige Investitionen haben. Und wenn sie zur Bank gehen, dann bekommen sie als 80-Jähriger keinen Kredit mehr. Ganz davon abgesehen, dass sich sechsstellige Investitionen in diesem Alter kaum noch rechnen", sagte Hans-Jürgen Kettler von der Sch(l)aufenster-Initiative.

Kontrovers diskutieren Stadtverwaltung, Politik und Geschäftsleute, inwieweit Denkmalschutz-Vorgaben zum Leerstand beitragen. Während Denkmalpfleger auf Kompromissbereitschaft und Fördermöglichkeiten verweisen, kritisieren Unternehmer kostspielige Auflagen.

Unstrittig ist, dass die fachgerechte Sanierung eines denkmalgeschützten Gebäudes sehr schnell sehr teuer werden kann. Joachim Mertens, Baudirektor der Stadtverwaltung, sagte: „Stellen wir uns ein großes Fachwerkhaus vor: 160 Quadratmeter im Erdgeschoss, 160 Quadratmeter darüber, dazu der Dachboden. Da ist man schnell im sechsstelligen Bereich."

Ein Einzelhändler berichtete von geschätzten Sanierungskosten oberhalb der Millionengrenze für ein Fachwerkhaus im Stadtzentrum. Es geht dabei nicht um Einzelfälle. Allein 400 alte Bürgerhäuser vermarktet Einbeck touristisch. Insgesamt verfügt die Stadt mit ihren Ortschaften über rund 2.200 Baudenkmäler nach dem niedersächsischen Denkmalrecht.

Was also tun? 2020 diskutierte Einbeck etliche Ideen, wie dem Leerstand in der Altstadt beizukommen ist.

Nachfolgend fünf Beispiele:

Preisgünstiges Wohnen:

Die SPD-Fraktion forderte mehr Einsatz der kommunalen Wohnungsbaugesellschaft EWG. Sie soll sich bei der Sanierung denkmalgeschützter Gebäude engagieren und bezahlbare Wohnungen schaffen.

„Stube statt Shopping":

Unter diesem Motto verlangte Ratsherr Alexander Kloss (parteilos) einen Fördertopf zur Umwandlung von ungenutzten Geschäftsräumen in barrierearmen Wohnraum.

Bürgerbüro im Stadtkern:

FDP-Kandidat Claudius Weisensee schlug im Bürgermeisterwahlkampf vor, sämtliche öffentliche Dienstleistungen der Stadtverwaltung auch in der Innenstadt anzubieten und leer stehende Geschäftsräume für die Schaffung von Krippenplätzen zu nutzen.

Leerstandsmanagement:

Bürgermeisterin Sabine Michalek sprach sich dafür aus, über Fördermittel einen hauptberuflichen Leerstandsmanager zu finanzieren, „der zusammenbringt und Ideen vermittelt".

Neue Sortimente:

Einbeck Marketing, eine gemeinsame Gesellschaft von Wirtschaft und Stadt, prüfte zusammen mit der Wirtschaftsförderung die Ansiedlung eines Unverpackt-Ladens. „Außergewöhnliche Sortimente machen eine Innenstadt lebensfähig, weil sie ein anderes Einkaufserlebnis bringen als der Online-Handel", sagte Geschäftsführerin Anja Barlen-Herbig im Interview.

Zudem ist eine sogenannte „Taskforce Leerstand" entstanden, die als selbst gestecktes Ziel Konzepte und Nutzungsideen entwickeln will. Zu den Akteuren gehören die Stadt Einbeck, Einbeck Marketing, die Sch(l)aufenster-Initiative und eine Stiftung, die Träger der Einbecker Mobilitätsaustellung PS.Speicher ist.

Positiv formuliert lässt sich festhalten: Das Problem ist erkannt – in die Debatte ist Bewegung gekommen. Gleichzeitig gilt allerdings: Zum Jahresende 2020 zeichnete sich in der Einbecker Politik noch kein Konsens über den richtigen Weg zu weniger Leerstand ab. Strittig war beispielsweise, welchen finanziellen Einsatz die Stadt leisten kann und wie sie das knappe Geld investieren soll. Wichtige Weichenstellungen standen daher aus.

Das Donut-Dilemma

Während in der Innenstadt etliche Flächen ungenutzt sind, interessieren sich viele Bauwillige bevorzugt für Neubau-Grundstücke am Stadtrand oder in den Ortschaften – ein Problem für die Stadtplaner. Sie befürchten einen wenig schmackhaften

„Donut" aus verfallenen Ortskernen und monotonen Neubaugebieten bei gleichzeitig hohen Kosten.

Baudirektor Joachim Mertens formulierte es 2019 so: „Ich warne vor Neubaugebieten in den kleinen Orten. Das ist heute verlockend und bringt Einnahmen. In 30 Jahren aber stehen wir vor großen Problemen. Wer heute ein Haus baut, ist dann im Rentenalter. Die Kinder werden in vielen Fällen anderswo leben – es droht Leerstand. Hinzu kommen die Kosten für die Unterhaltung der Infrastruktur: Straßen und Kanäle, die wir heute bauen, müssen in rund 30 Jahren saniert werden."

Entsprechend dieser Sichtweise mahnt die Verwaltung, in den Dörfern bevorzugt Baulücken und Bestandsgebäude zu nutzen. Ende 2019 stimmte der Verwaltungsausschuss einem zweistufigen Verfahren zu, das diesem Prinzip Rechnung trägt und den Ball zu den Ortsvertretern spielte: Sie sollten zunächst mitteilen, ob in ihrem Dorf unbebaute Lücken oder leer stehende Häuser zur Verfügung stehen. Nur wenn dies nicht der Fall war, konnten sie auf zusätzliche Baugrundstücke hoffen.

Man hätte starken Protest erwarten können, denn die Neubaugebiete hatten zuvor wiederholt zu Streit geführt. Noch Ende 2018 hatte die SPD-Fraktion der Verwaltung vorgehalten, die Zukunft der Ortschaften infrage zu stellen. Mehrere Dörfer sahen und sehen Bedarf an Bauflächen. Mit dem neuen Verfahren wanderte die Beweislast zu ihnen: Sie müssen zeigen, dass die Ausweisung der Grundstücke notwendig ist.

Gemessen an dieser Ausgangslage gab es wenig wahrnehmbaren Widerstand. Im September 2020 berichtete die Verwaltung, rund die Hälfte der Ortsräte habe sich aktiv an dem Projekt beteiligt. Nur in sieben Ortschaften - Wenzen, Vardeilsen, Drüber, Edemissen, Holtensen, Hullersen und Opperhausen - gebe es

Bedarf, ortspezifische Lösungen für Baumöglichkeiten zu entwickeln.

Auch in der Sitzung des zuständigen Stadtentwicklungs-ausschusses scheint es erstaunlich friedlich zugegangen zu sein. Die Vorlage zur „Entwicklung von Baumöglichkeiten in den Ortschaften" wurde laut Ratsinformationssystem unverändert beschlossen. Nach einem Bericht der Einbecker Morgenpost lobten Vertreter von CDU und SPD übereinstimmend das neue Instrument.

Barrierefreiheit für alle

Verglichen mit Leerstand und Neubaugebieten genießt das seniorengerechte Bauen bisher wenig Aufmerksamkeit. Doch wer genauer hinsieht, bemerkt: Die Stadt verändert ihr Gesicht auch hier.

Zu den Treibern des Themas gehört der Seniorenrat, der die Interessen der Einbeckerinnen und Einbecker ab 60 Jahren vertritt. „Einer unserer vielen Schwerpunkte ist die Barrierefreiheit. Wir wollen Hindernisse abbauen, die die Menschen in ihrer Mobilität einschränken – das betrifft alle Generationen", sagte Hein-Peter Balshüsemann, damals Vorsitzender des Seniorenrats, 2018 im Interview.

Nach eigener Wahrnehmung erzielt der Seniorenrat dabei Erfolge: „Rund um den Einbecker Marktplatz haben wir dazu beigetragen, dass Menschen mit Rollstuhl oder Rollator nicht mehr über Buckel-Pflaster fahren müssen. Und am Möncheplatz (Anm.: Ein Parkplatz in der Innenstadt) haben wir dafür gesorgt, dass der Parkscheinautomat mit dem Rollstuhl zugänglich ist", so Balshüsemann.

In einem Barriere-Kataster haben zwei Vertreter des Seniorenrats die Zugänglichkeit öffentlicher Gebäude wie Schulen, Gemeinschaftshäuser oder Kapellen bewertet und diese Ergebnisse öffentlich gemacht. Seitdem ist detailliert und transparent nachvollziehbar, wo es Probleme gibt.

Kleine Wohnungen für Senioren

Im Tagesgeschäft der Einbecker Wohnungsbaugesellschaft (EWG) sind die Anforderungen der Barrierefreiheit ebenfalls angekommen. Im Interview nannte Geschäftsführerin Birgit Rosenbauer Beispiele wie ebenerdige Duschen und Wohnungen ohne Türschwellen. In Bestandsgebäuden der 50er und 60er-Jahre seien solche Veränderungen in einem gewissen Rahmen aber nicht immer vollständig umsetzbar. „Dann sprechen wir vom barrierearmen Wohnen."

Mit Blick auf ältere Mieter hat die EWG in den vergangenen Jahren zwei seniorengerechte Wohnanlagen neu gebaut. Ein Objekt befindet sich in Zentrumsnähe mit kurzen Wegen zu Einkaufsmärkten, Ärzten und Apotheken. Die zweite Anlage mit geringeren Kaltmieten liegt in einem Wohnviertel. Das Haus ist für Senioren mit kleinen Wohnungen konzipiert, lässt sich bei Bedarf aber anpassen. „Falls wir langfristig doch mehr größere Wohnungen brauchen, dann können wir die Grundrisse mit relativ einfachen Mitteln verändern", so Rosenbauer.

Alt werden in der WG

Diskutiert, aber bisher nicht umgesetzt wurde in Einbeck die Idee einer Senioren-Wohngemeinschaft. Die Initiative aus der CDU-Ratsfraktion sah die WG in einem sanierten Fachwerkhaus in der Altstadt vor. Dort sollte eine Gruppe älterer Menschen unter einem Dach leben und sich im Alltag unterstützen. „Zugleich gewinnen die Bewohner neue soziale Kontakte. Das ist besonders dann wichtig, wenn ein Partner stirbt und der andere allein zurückbleibt. Meist sind das die Frauen", sagte Initiatorin Heidrun Hoffmann-Taufall im Interview.

Aus ihrer Sicht könnte eine Senioren-WG zugleich ein Beitrag sein, um Engpässen professioneller Pflegeanbieter entgegenzuwirken. „Die Zahl der Pflegebedürftigen wird so stark steigen, dass Altenheime und Pflegedienste ihre Kapazitäten gar nicht ausreichend erhöhen können. Das scheitert schon am fehlenden Personal. Wir brauchen deshalb eine weitere Säule, in der sich ehrenamtlicher Einsatz und professionelle Leistungen ergänzen", sagte Hoffmann-Taufall.

4. Wirtschaft und Arbeit

Der Blick auf Wirtschaft und Arbeitsmarkt hat sich im zurückliegenden Jahrzehnt grundlegend gewandelt. Während des Aufschwungs von 2010 bis zum Beginn der Corona-Krise Anfang 2020 ging die registrierte Arbeitslosigkeit deutschlandweit spürbar zurück. Das gilt auch für Einbeck[5]. Parallel verlor das Problem der Erwerbslosigkeit an Aufmerksamkeit und die Folgen der einsetzenden Arbeitskräfteknappheit rückten in den Fokus.

Im alternden Einbeck hat neben der guten Konjunktur auch die Bevölkerungsentwicklung dazu beigetragen, dass Personal in vielen Branchen rar geworden ist. In weniger als einem Jahrzehnt, von 2011 bis 2019, ist die Zahl der Erwerbsfähigen um knapp 1.100 Personen gesunken. Die Pandemie hat den Aufschwung beendet. Weiterhin führt die Arbeitsagentur Göttingen aber eine lange Liste von Mangelberufen.

Ausgewählte Mangelberufe im Agenturbezirk Göttingen (mit Einbeck)

Berufsgruppen	Freie Stellen pro Bewerber
Altenpflege	3,9
Klempnerei, Sanitär, Heizung, Klimatechnik	2,8
Mechatronik und Automatisierungstechnik	2,5
Steuerberatung	2,2
Nichtärztliche Therapie und Heilkunde	2,2
Medizin-, Orthopädie- und Rehatechnik	2,2
Gesundheits-, Krankenpflege, Rettungsdienste, Geburtshilfe	2
Energietechnik	1,9
Bodenverlegung	1,8
Verwaltung	1,6

Stand: Oktober 2020; gleitende Jahreswerte

Der Mangel an Mitarbeitern hat in verschiedenen Branchen längst einen harten Wettbewerb um Personal ausgelöst. „Viele Fachkräfte können sich aussuchen, wo oder für wen sie arbeiten wollen. Bei unbeliebten Arbeitszeiten, zum Beispiel am Wochenende, funktionieren Einstellungen oft nur über das Geld. Dort, wo absoluter Fachkräftemangel herrscht, kommt es zu Abwerbungsversuchen bei Mitbewerbern", berichtete Maik

Heise, seinerzeit Geschäftsstellenleiter der Arbeitsagentur für Einbeck, Northeim und Uslar, 2018 im Interview.

Arbeitsort nach Wahl

Besonders deutlich macht sich die Fachkräfteknappheit in der Pflege bemerkbar, wo der Personalmangel auf eine demografiebedingt steigende Nachfrage trifft (siehe Kapitel 5). Aber auch Handwerker oder Firmen der IT-Branche klagen über Probleme. So war bei der Einbecker Digitalagentur Alto Anfang 2019 fast ein Viertel der Stellen unbesetzt. „Wir suchen dringend Verstärkung im Screendesign, in der Webentwicklung sowie im Vertrieb. Außerdem würden wir gern einen Auszubildenden zum Fachinformatiker einstellen. Leider finden wir bislang keine geeigneten Kandidaten", sagte Geschäftsführer Mark-Oliver Müller.

Schon vor der coronabedingten Homeoffice-Welle setzte Alto auf flexible Arbeitsmodelle, um Fachkräfte anzuziehen. „Unsere Mitarbeiter bestimmen selbst, ob sie ins Büro kommen oder von zu Hause arbeiten. Es stört uns auch nicht, wenn jemand lieber abends als tagsüber arbeitet. Wir achten nur darauf, dass jeder an mindestens drei bis vier Tagen pro Monat in der Agentur präsent ist, denn ganz ohne persönlichen Kontakt verliert man sich früher oder später aus den Augen", berichtete Müller 2019.

Neben der schrumpfenden Bevölkerung und einer hohen Nachfrage nach IT-Kräften führte er die Probleme auf eine mangelnde Anziehungskraft der Region zurück. Müller: „Selbst Göttingen wirkt auf viele Kandidaten zu klein und provinziell." Einbeck habe zum einen objektive Schwächen wie ein fehlendes Nachtleben und ein Kulturangebot, das auf Senioren ausgerichtet sei. „Zum anderen ist es die gefühlte Entfernung vom ‚echten Leben', die uns bei der Personalsuche zu schaffen macht. Wenn jemand zum Beispiel aus Hamburg kommt und von der Autobahn abfährt, dann denkt er, er ist im Nirgendwo."

Welcome to Südniedersachsen

Es würde zu kurz greifen, das Problem mangelnder Attraktivität für Fachkräfte allein aus Einbecker Sicht zu betrachten - es betrifft auch benachbarte Städte und Landkreise. Zwar profitiert Südniedersachsen von einem starken Zuzug Studierender in die Hochschulstadt Göttingen. Nach dem Abschluss jedoch verlassen viele Absolventen ihren Studienort, um anderswo Karriere zu machen. „Es besteht aktuell ein großes Ungleichgewicht zwischen der hohen Anzahl an Akademikerinnen und Akademikern, die die Hochschulen in der Region ausbilden, und den Fachkräften, die langfristig in Südniedersachsen bleiben", sagte Tim Schneider von der Südniedersachsen-Stiftung im Interview.

Schneider selbst verließ Göttingen nach dem Studium – Ende 2019 kehrte er zurück, um bei der Südniedersachsen-Stiftung die Verantwortung für die Geschäftsführung zu übernehmen. Schneider: „Während des Studiums habe ich von der Vielfältigkeit und den Stärken Südniedersachsens wenig wahrgenommen. Ich habe mir damals nie die Frage gestellt, ob ich dauerhaft in Südniedersachsen leben möchte. Meine Wahrnehmung war, dass wir als Region vor allem wirtschaftlich nicht in der oberen Liga spielen. Ich vermute, dass es vielen Studierenden so geht."

Für Abhilfe sollen ein regionales Welcome Centre und eine Initiative für gemeinsames Fachkräftemarketing sorgen. Das Welcome Centre mit Sitz in Göttingen sowie mehreren Regionalbüros soll Fachkräfte beispielsweise bei der Wohnungssuche und beim Beantragen von Visa unterstützen. „Ziel ist es, den Neuankömmlingen bei der Eingewöhnung zu helfen und sie möglichst langfristig an unsere Region zu binden", so Schneider.

Die Initiative für regionales Fachkräftemarketing dagegen steckte 2020 noch in den Anfängen. Bis Mitte 2022 soll ein Konzept entstehen, das die bislang vereinzelten Aktivitäten zusammenführt. „Standortmarketing hört nicht an Stadtgrenzen auf. Wir müssen uns als Region gemeinsam positionieren und sollten Nachbarstädte nicht als Konkurrenten betrachten", sagte Anja Barlen-Herbig, Geschäftsführerin von Einbeck Marketing, die die Stadt in der regionalen Arbeitsgruppe vertritt.

Ausbildung auf Vorrat

Während die Region noch eine gemeinsame Strategie sucht, setzt die Ruhestandswelle der geburtenstarken Jahrgänge bereits ein: Die Babyboomer der 50er- und 60er-Jahre erreichen nach und nach das Rentenalter, sodass das Angebot an Fachkräften weiter sinkt.

Ein anschauliches Beispiel liefert die Einbecker Stadtverwaltung, die jährlich über die Altersstruktur der Beschäftigten berichtet: Zum Jahresende 2019 hatten demnach 106 der 369 Mitarbeiter ihren 57. Geburtstag bereits gefeiert. Anders gesagt: Fast jeder dritte Beschäftigte (29 Prozent) hat die Rente oder Pension vor Augen.

Zur Vorbereitung auf die Ruhestandswelle hat die Verwaltung begonnen, über den aktuellen Bedarf auszubilden – so stieg die Zahl der Auszubildenden von 9 (Ende 2016) auf 15 (Ende 2019). Im Interview unterstrich Bürgermeisterin Sabine Michalek, dass die Herausforderungen groß sind: „Wir müssen uns anstrengen. Deshalb machen wir auch das Audit berufundfamilie[6], um uns als Arbeitgeber zu positionieren. Die Leute sollen sehen: Die Verwaltung ist gar nicht so verstaubt, sie bietet attraktive

Arbeitsplätze. Man kann Verantwortung übernehmen und wird vielseitig gefordert. Gleichzeitig haben wir familienfreundliche Arbeitszeiten und können Homeoffice anbieten. "

Etliche Einbecker Arbeitgeber stehen bereits heute vor Problemen, ihre Lehrstellen zu besetzen. Während das Angebot an gemeldeten Ausbildungsplätzen von 2010 bis 2019 kräftig stieg, ging die Nachfrage zurück. 2020, im Jahr der Corona-Krise, blieben 25 von 234 gemeldeten Ausbildungsplätzen unbesetzt.

Ein Grund für das sinkende Interesse: Immer mehr Schulabgänger zieht es an die Uni. „Der Trend zum Studium ist ungebrochen. Das ist einerseits verständlich, weil viele ein Studium als bestmögliche Voraussetzung für eine erfolgreiche Berufslaufbahn ansehen. Andererseits ist es fatal für Unternehmen, die auf Auszubildende als Fachkräftenachwuchs angewiesen sind", sagte Maik Heise von der Arbeitsagentur bereits 2018. Ein weiterer Faktor sind schrumpfende Jahrgänge der Schulabgänger. Zwischen 2011 und 2019 ging die Zahl der 15- bis 20-jährigen Einbecker von 1.723 auf 1.333 zurück. Im Durchschnitt waren die Jahrgänge damit um 78 Jugendliche kleiner als ein knappes Jahrzehnt zuvor.

Tischlerei statt Uni

Angesichts der Nachwuchssorgen bemühen sich viele Handwerksunternehmen verstärkt um Studienabbrecher. „Das kann zum Beispiel ein Architekturstudent sein, der sich nach einigen Semestern für eine Laufbahn als Tischler entscheidet. Nicht selten lässt sich die Ausbildungszeit in solchen Fällen auf eineinhalb bis zwei Jahre verkürzen. Anschließend bestehen gute Chancen, die Meisterschule zu besuchen", sagte Ina-Maria Heidmann, Hauptgeschäftsführerin der Handwerkskammer Hildesheim-Südniedersachsen. Grundlage sind Kooperationsvereinbarungen mit Hochschulen zur Anerkennung von Ausbildungsleistungen. Nach Angaben der Kammer entscheiden sich in ihrem Bezirk, zu dem auch Einbeck gehört, 15 Prozent aller Schulabgänger mit Hochschulreife für eine handwerkliche Ausbildung. Damit übertreffe die Kammer den Bundesdurchschnitt von 12,5 Prozent.

Die Suche nach Nachwuchs betrifft nicht nur die Belegschaft, sondern auch die Unternehmensleitung. Ähnlich wie viele Arbeitnehmer stehen etliche Handwerksmeister vor dem Ruhestand. Die Handwerkskammer empfiehlt, sich frühzeitig damit auseinanderzusetzen. Hauptgeschäftsführerin Heidmann: „Die Firmenübergabe an einen Nachfolger kann Jahre dauern. Die Zeiten, in denen Betriebsübernahmen durch Kinder der Standardfall waren, sind vorbei. Wir raten, sich schon sieben bis zehn Jahre vor dem geplanten Ruhestand umzusehen. Das ist genügend Zeit, um Kontakte zu knüpfen oder auch eigene Mitarbeiter anzusprechen."

5. Medizin und Pflege

Ein Blick in die Lokalzeitung genügt, um ein erstes Bild vom Personalmangel in der Pflege zu bekommen: Pflegefachkräfte, Pflegehelfer und Betreuungskräfte für Altenheime geben im „Stellenmarkt" häufig den Ton an. Zahlen der Arbeitsagentur bestätigen diesen Eindruck.

Unter allen Mangelberufen im Agenturbezirk Göttingen - inklusive Einbeck - ist die Personalknappheit bei Fachkräften der Altenpflege mit am größten: Nach einer Auswertung vom Herbst 2020 kommen auf 36 Arbeitsuchende 142 offene Stellen – ein Verhältnis von fast 1:4.

Ein Grund für den Personalmangel: In der Pflege trifft die sinkende Zahl der Erwerbsfähigen auf einen demografiebedingt wachsenden Bedarf. Zwischen 2011 und 2019 ist die Zahl der Einbeckerinnen und Einbecker ab 80 Jahren um 16 Prozent auf mehr 2.600 gestiegen. Viele von ihnen mögen rüstig und aktiv sein. Doch generell gilt: Je älter ein Mensch wird, desto höher die Wahrscheinlichkeit, auf Pflegeleistungen angewiesen zu sein.

Pflege-Plätze bleiben frei

Ein anschauliches Beispiel für die Probleme liefert die Einbecker Seniorenresidenz Alloheim: Im November 2019 lebten dort 130 Bewohnerinnen und Bewohner – 15 Plätze blieben aus Mitarbeitermangel unbesetzt. „Wir könnten bis zu 145 Betten belegen – bräuchten dazu aber mehr Fachpersonal, das nur schwer zu bekommen ist", sagte Kerstin Hartmann, seinerzeit Trainee Residenzleitung, im Interview.

Auch das steigende Alter der Pflegebedürftigen macht sich bemerkbar. „Die Menschen werden nicht nur immer älter, sie leben auch länger selbstständig zu Hause. Das bedeutet: Wenn ein Mensch heute entscheidet, in ein Pflegeheim zu gehen, dann ist er wesentlich hilfsbedürftiger als noch vor Jahren. Dadurch steigt der Bedarf an medizinischer und sozialer Betreuung", sagte Hartmann. Demenzerkrankungen nehmen zu.

Bezahlen die Pflegeanbieter einfach zu schlecht, um genügend Personal zu finden? Nach Auffassung der Gewerkschaft Verdi ist dies bislang ein wesentlicher Grund. Abhilfe könnten erhöhte Mindestentgelte schaffen. Eine Einigung mit dem Arbeitgeberverband BVAP sieht stufenweise Steigerungen vor, sodass examinierte Altenpflegekräfte ab Januar 2023 mindestens 18,50 Euro pro Stunde erhalten sollen. Bei einer 39-Stunden-Woche würde sich ein Bruttoverdienst von gut 3.100 Euro im Monat ergeben. Pflegehilfskräfte ohne Ausbildung sollen mindestens 14,15 Euro pro Stunde erhalten. Eine angestrebte bundeseinheitliche Regelung für alle Arbeitgeber in der Pflege drohte Anfang 2021 allerdings an Uneinigkeit auf Arbeitgeberseite zu scheitern.

Aus Sicht regionaler Einrichtungen ist Geld dagegen nicht das entscheidende Thema. „Bei uns in Einbeck kommt eine ausgebildete Fachkraft auf gut 3.200 Euro Grundgehalt im Monat. Das ist wirklich gut im Vergleich zu anderen Branchen", sagte Kerstin Hartmann (Alloheim) bereits 2019. „Eine Herausforderung ist hingegen, dass die Pflege trotz vieler Hilfsmittel immer noch ein körperlich anstrengender Beruf ist."

Nachwuchs teils schlecht betreut

Renatus Döring, Leiter der Berufsbildenden Schulen in Einbeck, wies 2018 im Interview auf einen teils abschreckenden Umgang mit dem Pflege-Nachwuchs hin. Die Ausbildungsqualität sei zum Teil sehr unterschiedlich, so Döring: „Schlechte Rahmenbedingungen in einigen Einrichtungen führen zu einem verbesserungsbedürftigen Image der gesamten Branche."

Ein Kritikpunkt: Gelegentlich würden Schüler in der ambulanten Pflege schon im ersten Ausbildungsjahr allein zu Pflege-bedürftigen geschickt. „Eine vernünftige Einarbeitung findet manchmal nicht statt. Eigentlich müssten die Schüler während ihrer Ausbildung mit einer Fachkraft unterwegs sein. Natürlich gibt es auch in der Pflege gute Arbeitgeber. Aber die Probleme sind nicht zu übersehen", sagte Döring.

Neuer Player im Pflegemarkt

Trotz Personalmangels zieht die steigende Nachfrage neue Pflege-Anbieter nach Einbeck. Prominentestes Beispiel ist die Bremer Convivo-Gruppe, die sich mit ihrem Konzept der Senioren-Wohnparks deutschlandweit auf Expansionskurs befindet. Grundidee ist ein Kombinationsangebot von altengerechtem Wohnen und Pflegeleistungen, die bei Bedarf gebucht werden können.

Anfang 2020 hat ein Wohnpark mit 24 Apartments in Wohngemeinschaften und 87 Service-Wohnungen unter schwierigen Corona-Bedingungen in der Einbecker Südstadt eröffnet. Das Unternehmen kündigte an, dass bis Ende 2020 alle WG-Apartments und die Hälfte der Service-Wohnungen vermietet sein sollen. Aktuelle Zahlen zur tatsächlichen Entwicklung lagen bei Erscheinen dieses Buchs nicht vor.

„Fast wie eine Fabrik"

Voraussichtlich 45 bis 50 Mitarbeiterinnen und Mitarbeiter, darunter Pflegekräfte, aber auch Haustechniker und Servicekräfte, will Convivo nach früheren Angaben langfristig in Einbeck beschäftigen – der regionale Wettbewerb um Personal könnte damit noch härter werden. Unabhängig vom Standort

Einbeck rechnet auch Convivo damit, dass sich der Mangel zuspitzt. „Allein die schrumpfenden Geburtenjahrgänge werfen ja die Frage auf, woher die benötigten Fachkräfte kommen sollen. Ein weiterer Grund für den Mangel ist allerdings hausgemacht: Es ist das schlechte Image der Pflegebranche in Deutschland", sagte Andreas Weber (Convivo) im Interview.

Den Hauptgrund für das schlechte Ansehen sieht er in den Arbeitsabläufen vieler Pflegeeinrichtungen. Weber: „Ein Teil der Mitarbeiter kümmert sich um die schwere Pflege, zum Beispiel das Waschen und Anziehen der Bewohner. Eine andere Gruppe übernimmt dann die Tagesbetreuung und so weiter. Wir sehen also eine starke Strukturierung, manche Pflegeheime funktionieren fast wie eine Fabrik. Das führt dazu, dass viele Pflegekräfte nach wenigen Jahren resignieren und ausgebrannt sind." Um dem vorzubeugen, setzt Convivo nach eigenen Angaben auf eine ausgewogene Verteilung von Pflegetätigkeit und Alltagsbetreuung auf alle Beschäftigten.

Die Ärzte-Versorgung ist gut - noch

Mit einer steigenden Zahl von Senioren wächst nicht nur der Bedarf an Pflegeleistungen, sondern auch an Ärzten. Nach Angaben der Kassenärztlichen Vereinigung Niedersachsen (KVN) ist Einbeck heute noch gut mit niedergelassenen Medizinern versorgt. Die Betonung liegt auf: noch. Nach einer KVN-Prognose von 2019 erreichen bis 2030 mehr als ein Drittel aller relevanten Ärzte und Psychotherapeuten das 65. Lebensjahr und dürften sich aus ihren Praxen in Einbeck und Umgebung zurückziehen. Die Nachfolgesuche droht schwierig zu werden.

Zuerst aber zur Gegenwart: Zur Planung der medizinischen Versorgung ermitteln Ärzte und Krankenkassen den sogenannten Versorgungsgrad, der sich aus dem Verhältnis von Medizinern zu

Bevölkerung ergibt. Das Gesamtbild für Einbeck ist positiv, wie Zahlen der KVN von Oktober 2020 zeigen. Eine Unterversorgung besteht lediglich bei den Nervenärzten.

Versorgungsgrade für Hausärzte im Mittelbereich Einbeck

(Zum Mittelbereich gehören Einbeck, Dassel, Bad Gandersheim)

Gesamt: 119 %

Einbeck: 105 %

Dassel: 130 %

Bad Gandersheim: 152 %

Stand: Oktober 2020; Quelle: KVN, Einbecker Morgenpost

Versorgungsgrade für Fachärzte im Landkreis Northeim

Augenärzte: 116 %

Chirurgen/Orthopäden: 145 %

Frauenärzte: 178 %

HNO-Ärzte: 116 %

Hautärzte: 117 %

Nervenärzte: 73 %

Psychotherapeuten: 110 %

Urologen: 105 %

Kinder- und Jugendärzte: 114 %

Stand: Oktober 2020; Quelle: KVN

Deutlich kritischer als die Gegenwart sind die Aussichten angesichts der nahenden Ruhestandswelle. Zwar kündigte die KVN bereits 2019 an, dass frei werdende Arztsitze ausgeschrieben werden sollen. Dies allein werde jedoch nicht reichen, um den

Bedarf zu decken, so KVN-Sprecher Detlef Haffke: „Wir brauchen deshalb langfristig dringend mehr Köpfe im Versorgungssystem." Um dies zu erreichen, brachte die KVN unter anderem mehr Studienplätze für Medizin und eine Landarztquote ins Spiel.

Selbst wenn sich Nachfolger für ausscheidende Mediziner finden, ist damit wenig über die Versorgung älterer Patienten in entlegenen Orten gesagt. Für Senioren, die nicht mehr Auto fahren, könnten vor allem Facharzt-Besuche am anderen Ende des Landkreises zum Problem werden. Diese Schwierigkeit sieht auch die KVN. „Dort, wo es in Zukunft weniger Ärzte geben wird, müssen die Patienten weiterhin in der Lage sein, mit Bussen in die nächste Arztpraxis zu kommen", betonte Haffke.

„Feind der Gesundheit"

Soweit zur professionellen medizinischen Versorgung. Sozialarbeiter und Ehrenamtliche weisen darauf hin, dass in einer alternden Bevölkerung auch verstärkt Armut und Vereinsamung drohen – mit gravierenden negativen Folgen für Lebensqualität und Gesundheit.

Zu den Mahnern gehört Marco Spindler, Sozialarbeiter im Kirchenkreis Leine-Solling. Traf er in seiner Einbecker Sozial-beratung früher nur vereinzelt Senioren mit Geldsorgen, so zählt er mittlerweile 25 Einzelpersonen oder Familien über 60 Jahren, die regelmäßig seine Hilfe suchen. Sie sorgen sich häufig um Gesundheitskosten, die von einer kleinen Rente kaum zu bezahlen sind. „Das kann Zahnersatz sein, eine neue Brille oder ein Medikament, das die Krankenkasse nicht übernimmt. Auch Fahrtkosten können zum Problem werden - beispielweise durch regelmäßige Termine bei einem Facharzt in Göttingen", sagte Spindler.

Der Sozialarbeiter warnt, dass Geldmangel oft zu einer schlechten Wohnsituation, einem schlechten Zugang zu Gesundheitsleistungen und zur Isolation führt. Spindler: „All das zusammen wirkt sich wiederum negativ auf die körperliche Verfassung aus. Man könnte sagen: Altersarmut ist der Feind der Gesundheit."

Spaziergänge gegen Einsamkeit

Auf die Gefahr der Vereinsamung weist auch Lutz Voss vom Einbecker Lions-Club hin. Zusammen mit zwei Mitstreitern hat er das Projekt „3.000 Schritte für mehr Gesundheit" ins Leben gerufen. Die Idee: Einmal pro Woche treffen sich überwiegend ältere Einbecker zu einem kostenlosen rund einstündigen Stadtspaziergang.

Die gemeinsamen Touren sollen die Grundkondition ebenso fördern wie die Motorik und die geistige Leistungsfähigkeit. Es geht aber nicht nur um körperliche Gesundheit. Voss: „Ganz wichtig sind die Gespräche auf und nach dem Weg. Ich sage gern: Unsere Spaziergänge sind ,soziale Tankstelle' und ,Einsamkeitsbekämpfer' zugleich. Man kann über vieles reden. Wir machen bewusst immer wieder Pausen, damit das Klönen nicht zu kurz und die Gruppe zusammen ins Ziel kommt."

6. Kinder und Familie

Einbeck altert – umso mehr beschäftigt die Stadt die Frage, wie viele Schulen und welches Angebot zur Kinderbetreuung sie braucht. Eltern, Großeltern und Politiker streiten leidenschaftlich über Standorte, Schließungen und Neubauten. Nicht selten schwingt im Hintergrund die Hoffnung mit, dass sich familienfreundliche Angebote wiederum positiv auf die Zahl der Geburten auswirken könnten.

Zunächst aber zu den nüchternen Fakten: Zwischen 2011 und 2019 ist die Zahl der minderjährigen Einbeckerinnen und Einbecker um knapp ein Zehntel auf rund 4.600 gesunken. Der Rückgang konzentrierte sich auf die älteren Jahrgänge der 10- bis 18-Jährigen. Dagegen blieb die Zahl der Klein- und Kindergartenkinder ebenso stabil wie die Zahl der Kinder im typischen Grundschulalter.

Einbecker Bevölkerung bis 18 Jahre

	2011	2019	Veränderung (in %)
0 - 3 Jahre	726	731	+0,7
3 - 6 Jahre	736	741	+0,7
6 - 10 Jahre	1.034	1.019	-1,5
10 - 15 Jahre	1.521	1.302	-14,4
15 - 18 Jahre	1.013	775	-23,5
Gesamt	5.030	4.568	-9,2

Quelle: Landesamt für Statistik Niedersachsen

Die Zahl der Schulanfänger in der Gesamtstadt sank nur leicht – dennoch verändert der demografische Wandel das Leben vieler Schüler, Eltern und Lehrer. Der Grund: Einbecks Grundschullandschaft ist geprägt von kleinen Standorten in den Ortschaften, die bei sinkenden Anmeldezahlen schnell in Existenzgefahr geraten. Zudem verläuft die Bevölkerungsentwicklung in den Dörfern unterschiedlich – stark schrumpfende Orte haben es besonders schwer, ihre Grundschule zu retten.

Zu den Verlierern gehörte zuletzt die Grundschule Dassensen/Holtensen, die 2014 den Betrieb einstellte. Schülerinnen und Schüler aus dem früheren Einzugsgebiet werden seitdem an einer der drei Kernstadt-Grundschulen, der Geschwister-Scholl-Schule, unterrichtet. Ursache für das Aus waren geringe Schülerzahlen. Für die Einschulungstermine 2014, 2015 und 2016 erwartete die Verwaltung nur 10, 12 und wieder 10 Erstklässler.

Ein Vergleich der Jahre 2010 und 2019 zeigt, dass die Dörfer im Einzugsgebiet der Schule - Dassensen, Holtensen, Hullersen und Rotenkirchen - zu den stark schrumpfenden Orten gehören. Ihre Gesamtbevölkerung ging um 9 Prozent zurück – verglichen mit 3 Prozent in der Kernstadt.

„Stirbt die Schule, überaltern die Ortschaften"

Bis 2024 genießen die verbliebenen Grundschulen Bestandsschutz – das hat der Stadtrat Ende 2019 mit dem Schulentwicklungsplan beschlossen. Zuvor war lange um die Zukunft zweier weiterer kleiner Standorte, Greene und Wenzen, gerungen worden. Die öffentlichen Ratsunterlagen zeigen, wie emotional debattiert wurde.

In einem Brief an Bürgermeisterin und Stadtrat schrieben die Eltern der Grundschule „Auf dem Berge" in Wenzen: „Die

Schließung der Grundschule Auf dem Berge hätte für die Kinder, die Dörfer im Einzugsgebiet und die betroffenen Dorfgemeinschaften dramatische Folgen. Die Schließung einer Grundschule verändert einen Ort auf Jahrzehnte. Das ist kein Experiment, das bei Nichtgelingen gestoppt werden kann. Welche junge Familie entscheidet sich für eine Gemeinde ohne Grundschule? Stirbt die Schule, überaltern die Ortschaften und sterben aus."

Letztlich entschied sich der Rat für den Erhalt, obwohl die Grundschule bis 2024 nur mit durchschnittlich 14 Erstklässlern pro Jahr rechnet. Begründet wurde der Beschluss damit, dass die angestrebte Einzügigkeit – also eine Klasse pro Jahrgang – erreichbar sei. Möglich werde dies unter anderem durch die Einschulung von „Flexi-Kindern" und die Doppelzählung von Schülern mit sonderpädagogischem Förderbedarf.

Auch beim Standort Greene, Außenstelle der Grundschule Kreiensen, votierte der Rat trotz grenzwertiger Schülerzahlen für den Erhalt. Eines der rettenden Argumente: Die Räume in der Hauptstelle Kreiensen reichen nicht für alle Schüler. „Von einer Gebäudeerweiterung an der Grundschule Kreiensen wird Abstand genommen", entschied der Rat.

„Wartelisten darf es nicht geben"

In die entgegengesetzte Richtung läuft die Diskussion zur Kinderbetreuung vor der Schulzeit: Ausbau statt Abbau ist das Motto. Politische Debatten entzünden sich vor allem an den Krippenplätzen für Kinder unter drei Jahren. Trotz vieler Meinungsunterschiede im Detail besteht grundsätzlich Einigkeit über das Ziel, zusätzliche Angebote zu schaffen.

Im Bürgermeisterwahlkampf 2020 forderte beispielsweise SPD-Kandidat Dirk Heitmüller: „Wartelisten für Kitas und Krippen darf es nicht geben. Aus den Geburtenstatistiken wissen wir schließlich, wie viele Kinder in einem oder zwei Jahren nachkommen. Dann muss man auch dafür sorgen, dass es genügend Plätze gibt." Er brachte einen Kita-Neubau mit Krippenplätzen in der Einbecker Südstadt ins Gespräch.

FDP-Bewerber Claudius Weisensee sagte: „Der Bedarf nach Krippenplätzen ist da. Für die Schaffung von Krippenplätzen sollten leer stehende Läden in der Innenstadt umgenutzt werden, um gleichzeitig die Innenstadt zu beleben und Leerständen entgegenzuwirken. Neubauten braucht es nicht."

Bürgermeisterin Sabine Michalek (CDU) räumte ein: „Bei den Krippenplätzen laufen wir der gesellschaftlichen Entwicklung etwas hinterher. Das gebe ich offen zu. Der Trend, dass beide Eltern kurz nach der Geburt wieder arbeiten wollen, hat sich in den vergangenen Jahren stark beschleunigt. Wir kommen mit dem Bauen kaum nach." Sie verwies unter anderem auf eine frisch eröffnete Krippengruppe im kleinen Ortsteil Iber und einen geplanten Kita-Neubau in der Kernstadt, bei dem ebenfalls Krippenplätze entstehen sollen.

Nach Angaben der Verwaltung von September 2020 übersteigt das Gesamtangebot zur Kinderbetreuung im Kita-Jahr 2020/21 sogar die Nachfrage:

Krippen: 162 Plätze - 10 frei

Kindergärten: 842 Plätze - 46 frei

Hort: 32 Plätze - 6 frei

(Zahlen zum Stichtag 1. Januar 2021)

Zur Einordnung schrieb die Verwaltung: „Demgemäß bleibt festzuhalten, dass die Nachfrage bzw. der tatsächliche Bedarf auch im aktuellen Kita-Jahr vollumfänglich gedeckt werden konnte. Alle angemeldeten Kinder konnten - wenn auch nicht immer im gewünschten Betreuungsstundenumfang und in der Erstwunsch-Kita - versorgt werden und darüber hinaus bestehende ‚Wartelisten' bilden lediglich Elternwünsche ab, die offensichtlich nicht als zwingend notwendiger Betreuungsbedarf zu werten sind."

Die Bewertung der Verwaltung ist vielsagend und weist auf eine unbeantwortete Frage in der Einbecker Familienpolitik hin: Welchen Anspruch hat die Stadt? Genügt es, allen Eltern ein Betreuungsangebot zu machen? Oder sollen die tatsächlichen Wünsche zur Wahl der Einrichtung und zu den Betreuungszeiten erfüllt werden?

7. Auf dem Dorf

Einbeck ist eine Stadt der Dörfer: Mehr als die Hälfte aller Einwohnerinnen und Einwohner leben in einer der 46 Ortschaften, von denen nur drei mehr als 1.000 Menschen zählen.[7] Das Leben auf dem Land bringt Vorteile und Nachteile, die sich vielerorts ähneln. Das zeigen Interviews mit Einbecker Akteuren. Zu diesem Ergebnis kommt aber auch eine Studie des Soziologischen Forschungsinstituts (SOFI) Göttingen, das die Situation in vier südniedersächsischen Dörfern untersucht hat, darunter die Einbecker Ortschaft Kuventhal.

Im Interview fasste Maike Simmank, wissenschaftliche Mitarbeiterin am SOFI, die Resultate so zusammen: „Interessanterweise äußern sich die Bürger in allen vier Dörfern sehr ähnlich über die Stärken und Schwächen ihrer Orte. Die Menschen schätzen die Ruhe und die Natur, die sie umgibt. Das kam bei fast jedem Gespräch in den ersten Sätzen – unabhängig vom Alter. Lob gab es auch für das Vereinsleben und die Hilfsbereitschaft in den Dörfern. (…) Die größte Sorge der Bürger sind schlechte Mobilitätsangebote und Internetverbindungen. Klagen zur Mobilität kommen besonders von denjenigen, die kein eigenes Auto nutzen – also Kinder, Jugendliche und Senioren. Das ist natürlich nachvollziehbar: Viele Ältere stehen vor der Herausforderung, ihre Einkäufe und Arztbesuche ohne eigenes Fahrzeug zu organisieren. Jugendliche fühlen sich in ihrer Freiheit eingeschränkt, weil sie für viele Fahrten auf ihre Eltern angewiesen sind. Den öffentlichen Nahverkehr empfinden sie nicht als Alternative. Auch Unternehmen kritisieren mangelhafte Busverbindungen. Ihr Problem: Sie finden schwer Auszubildende, die nicht im gleichen Ort wohnen."

Der Schülerverkehr bröckelt

Das beschriebene Mobilitätsdilemma findet sich so oder ähnlich in vielen Einbecker Ortschaften: Wer Auto fahren kann, ist fein aus. Wer nicht, bekommt entweder Hilfe oder ein Problem. Mit dem demografischen Wandel wachsen die Herausforderungen noch. Denn zum einen steigt die Zahl der Senioren, die sich aus Altersgründen nicht mehr hinters Steuer setzen. Zum anderen führen Schulschließungen schnell zu Problemen im ohnehin nicht gut ausgebauten öffentlichen Nahverkehr, kurz ÖPNV.

„Bislang war der Schülerverkehr die wichtigste Säule für den ÖPNV. Mit dem Rückgang der Schülerzahlen bröckelt diese Säule", sagte Markus Menge, Mobilitätsmanager beim Zweckverband Verkehrsverbund Südniedersachsen (ZVSN), im Interview. Gerade auf den Dörfern seien viele Senioren seit Jahrzehnten an das eigene Fahrzeug gewöhnt. Dementsprechend schwer fällt der Verzicht, wenn die Fahrtüchtigkeit schwindet. „Viele Senioren können früher oder später kein Auto mehr fahren – sei es aus körperlichen oder finanziellen Gründen. Wir brauchen Alternativen, damit die Älteren mobil bleiben", so Menge.

Hinsetzen und mitfahren

Wie aber können solche Alternativen aussehen? Der Verkehrsverbund hat Ende 2019 ein Projekt gestartet, bei dem Senioren, die den Führerschein freiwillig abgeben, die öffentlichen Verkehrsmittel für ein halbes Jahr kostenlos nutzen können. Sie erhalten den „Sichere-Fahrt-Schein", eine Netzkarte für die südniedersächsischen Landkreise Northeim, Göttingen und Holzminden. Erste Erfahrungen wertet der ZVSN als vielversprechend: Bis Oktober 2020 hatten rund 560 Seniorinnen und Senioren von dem Angebot Gebrauch gemacht.

Einen anderen Weg geht der Einbecker Seniorenrat, der gemeinsam mit der Verkehrswacht mehrfach Fahrsicherheitstrainings für Ältere angeboten hat. Zum Programm gehörten praktisches Üben und theoretischer Unterricht zu geänderten Verkehrsregeln. „Am Ende bekommt jeder ein Feedback. Bei größeren Defiziten empfehlen wir zusätzlichen Unterricht in einer Fahrschule, um gezielt an den Schwächen zu arbeiten. Es geht uns also darum, dass die Teilnehmer die Sicherheit am Steuer zurückgewinnen", sagte Lothar Dolle, stellvertretender Vorsitzender des Seniorenrats.

Die Ortschaft Hullersen wiederum will die Mobilität der rund 300 Einwohnerinnen und Einwohner mit einer Mitfahrerbank verbessern. „In Hullersen war es immer schon üblich, dass sich die Menschen helfen und beispielsweise Fußgänger mit in die Stadt nehmen. Mit der Bank am Ortsausgang nach Einbeck haben wir dafür einen festen Platz geschaffen. Wenn dort jemand sitzt, dann wissen Autofahrer: Es könnte gut sein, dass diese Person eine Mitfahrgelegenheit sucht", berichtete Ortsbürgermeisterin Eunice Schenitzki. Zahlen erhebt sie nicht, hat die Mitfahrerbank aber selbst getestet: „Es hat nicht lange gedauert, bis mich jemand mitgenommen hat nach Einbeck."

Zweites großes Problem der Dörfer neben der Mobilität ist der Anschluss an schnelles Internet. Und beides ist miteinander verknüpft, wie SOFI-Forscherin Maike Simmank zurecht feststellte: „Konzepte für Bürgerbusse oder Formen der Nachbarschaftshilfe existieren. Allerdings setzen solche Projekte häufig auch eine gute Internetverbindung voraus, weil sie über Online-Plattformen oder Apps funktionieren."

Online-Buchung? Keine Chance!

Beim schnellen Internet hatten viele Dörfer lange Zeit so großen Nachholbedarf, dass sie zur Selbsthilfe griffen: Sie organisierten den Aufbau eines Glasfasernetzes über ein Göttinger Privatunternehmen, weil sie auf den staatlich geförderten Ausbau nicht mehr warten wollten. Nach einem Bericht der Einbecker Morgenpost hatten sich bis April 2020 rund 20 Einbecker Ortschaften für diesen Weg entschieden. In etwa der Hälfte der Fälle waren die Anschlüsse bereits geschaltet.

Den Alltag ohne leistungsfähiges Internet hatte Antje Sölter, Ortsbürgermeisterin in Avendshausen und Vardeilsen, Anfang 2019 plastisch beschrieben: „In Avendshausen lebt ein Familienvater, der bei einem Verlag in Süddeutschland beschäftigt ist und viel im Homeoffice arbeitet. Er wollte den Ort mit seiner Familie auf keinen Fall verlassen, deshalb musste er sich auf eigene Kosten um eine bessere Internetverbindung kümmern. Der Mann schimpft Mord und Brand – und das kann ich verstehen. Auch ein großer Landwirt hat Probleme, weil er seine Buchführung und andere Geschäftsprozesse online abwickelt. In Avendshausen ist die Internetverbindung so schlecht, dass man keinen Urlaub online buchen kann. Schon gar nicht sonntags, wenn die Kinder vielleicht auch noch Netflix gucken wollen."

Inzwischen ist der staatlich geförderte Ausbau in Avendshausen erfolgt, der private Glasfaserausbau soll folgen.

Der Trend geht zum Gemeinschafts-Friedhof

Durch die schrumpfende Bevölkerung im zersiedelten Stadtgebiet entsteht ein weiteres teures Problem: Die Kosten der öffentlichen Infrastruktur sind von immer weniger Menschen zu tragen - die Ausgaben pro Kopf steigen. Das gilt beispielsweise für die kommunalen Verkehrswege. „Straßen in abgelegene, schrumpfende Dörfer werden damit immer unwirtschaftlicher, denn die Unterhaltungskosten bleiben fix", sagte Bürgermeisterin Sabine Michalek bereits 2018.

Die gleiche Logik gilt für öffentliche Anlagen und Gebäude. Es zeichnet sich daher ab, dass die Diskussion um die Zusammenlegung von Dorfgemeinschaftshäusern und Friedhöfen an Fahrt gewinnen dürfte.

„Auf manchem Friedhof findet nur eine einzige Beerdigung im Jahr statt. Dem stehen hohe Kosten für die Unterhaltung gegenüber – von Heckenpflege bis Rasenmähen. Dieses Modell funktioniert bisher nur, weil die Gebühren für alle Friedhöfe zusammen berechnet werden – für den Zentralfriedhof in Einbeck und die Friedhöfe in den Dörfern", sagte SPD-Kandidat Dirk Heitmüller während des Bürgermeisterwahlkampfs 2020. Als nächster Schritt kämen „dezentrale Friedhöfe für mehrere Dörfer" in Frage.

Bürgermeisterin Michalek sagte: „Die Dörfer geben ihre Einrichtungen zwar ungern auf. Aber wir müssen darüber sprechen, wie sich Ortschaften Sporthallen, Sportplätze, Dorfgemeinschaftshäuser und Feuerwehrhäuser zukünftig teilen können." Ein solches Modell sei beispielsweise in den benachbarten Leinetal-Orten Immensen, Sülbeck und Drüber denkbar. „In Immensen haben wir den Kindergarten und in Drüber die Schule. Ich ‚spinne' einmal in die Zukunft: Vielleicht bekommt Sülbeck dann das Gemeinschaftshaus für alle drei Orte? Oder wir bauen nur ein neues Feuerwehrhaus, wenn es notwendig wird?"

Wenig Lust auf Ehrenamt

Ein Pluspunkt vieler Ortschaften ist ihr Vereinsleben. Doch auch hier drohen Probleme, weil Nachfolger für ältere Ehrenamtliche fehlen. Ein anschauliches Beispiel kommt aus Greene, wo Heinrich Langheim und Eberhard Völkel, beide über 80, seit mehr als 25 Jahren ehrenamtlich das Hallenbad schmeißen. 2018 wurden sie dafür mit dem Einbecker Seniorenpreis ausgezeichnet, doch im Interview berichteten sie von großen Problemen, ihre Ämter im Vorstand des Fördervereins Hallenbad weiterzugeben. „Wir wüssten durchaus einige Kandidaten, die den Verein gut führen könnten. Oft stehen bei den Betreffenden aber andere Interessen im Vordergrund. Einer zum Beispiel hat sich vor Kurzem ein Wohnmobil gekauft und möchte viel unterwegs sein – das verträgt sich nicht mit der Verpflichtung für das Hallenbad. Andere möchten lieber ausschlafen, als ein Ehrenamt zu übernehmen", sagte Langheim 2019 im Interview.

Auch Beatrix Tappe-Rostalski, Ortsbürgermeisterin in Opperhausen, berichtete: „Immer weniger Menschen sind bereit, Verantwortung zu tragen und Funktionen zu besetzen. Selbst im Sportverein mit rund 400 Mitgliedern fand sich vorübergehend niemand, der den Vorsitz übernehmen wollte. Bei vielen Jüngeren bleibt neben Familie, Beruf und Pendeln zur Arbeit kein Raum für ehrenamtlichen Einsatz. Außerdem gibt es Vorbehalte gegen die Verbindlichkeit und die festen Zeiten von Vereinen."

Verlieren die Dörfer also eine ihrer größten Stärken? Das kann, muss aber nicht so kommen. Mit den Babyboomern rückt eine Generation ins Ruhestandsalter, die zahlenmäßig stark und gesundheitlich oft fit ist. Mit dem Ausbau des schnellen Internets verbessern sich zudem für viele Menschen die Voraussetzungen für die Arbeit im Homeoffice, der Zwang zum täglichen Pendeln schwindet. Die kommenden Jahre werden zeigen, wie viel ihrer gewonnenen Zeit die rüstigen Rentner und Zuhause-Arbeiter in Ehrenämter investieren wollen.

8. Einbecker Akteure im Interview

„Von unserer Arbeit profitieren alle Generationen"

Hein-Peter Balshüsemann über Barrierefreiheit, generationenfreundliches Einkaufen und Mitsprachemöglichkeiten älterer Bürger. Balshüsemann war bis 2019 Vorsitzender des Einbecker Seniorenrats.

Der Seniorenrat vertritt laut Satzung die Interessen der Einbecker, die 60 Jahre und älter sind. Wie viele sind das?

Rund 30 Prozent aller Bürgerinnen und Bürger, grob gesagt um die 8.000 Menschen.

Wie wird der Seniorenrat gewählt?

Von einer Delegiertenversammlung der Vereine, Verbände, Organisationen und Alteneinrichtungen im Stadtgebiet. Es ist also eine indirekte Wahl. Zuletzt wurde der Seniorenrat im Oktober 2017 gewählt. Zwischen 250 und 300 Einrichtungen waren damals eingeladen, Vertreter in die Delegiertenversammlung zu schicken. Rund 40 haben von dieser Möglichkeit Gebrauch gemacht. Der Seniorenrat besteht aus 13 Mitgliedern. Wir sind weder an eine Partei noch an eine Konfession gebunden.

Wie sind Sie an der Arbeit von Politik und Verwaltung beteiligt?

Wir sind in den Ausschüssen für Jugend, Familie und Soziales, für Kultur, Tourismus und Wirtschaftsförderung sowie für Umwelt, Energie und Bau vertreten. Allerdings ohne Stimmrecht. Bei unseren Vorstandssitzungen in den Ortschaften sprechen wir regelmäßig mit den Ortsbürgermeistern darüber, wo der Schuh drückt. Wenn es Missstände gibt, sprechen wir das in den Ausschüssen oder gegenüber der Verwaltung an. Alle unsere Sitzungen sind übrigens öffentlich.

Reicht diese Art der Beteiligung aus?

Wir spielen eine gute Rolle; die Zusammenarbeit mit der Verwaltung funktioniert problemlos. Wir wünschen uns allerdings zusätzlich eine Mitgliedschaft in allen Ausschüssen, die den Alltag der Menschen direkt beeinflussen. Dazu gehört unter anderem der Kernstadt-Ausschuss.

2030 wird voraussichtlich jeder dritte Einbecker über 65 Jahre alt sein. Braucht es den Seniorenrat künftig noch oder müssen nicht die Interessen der Jungen stärker vertreten werden?

Ich denke nicht, dass der Seniorenrat überflüssig wird. Von unserer Arbeit profitieren alle Generationen. Ich würde mir allerdings wünschen, dass die jüngeren Erwachsenen in den politischen Parteien größeren Einfluss haben. Bei den 30- bis 50-Jährigen stehen oft andere Dinge im Mittelpunkt: Familie, Beruf oder Eigenheim.

Welche Themen sind dem Einbecker Seniorenrat am wichtigsten?

Einer unserer vielen Schwerpunkte ist die Barrierefreiheit. Wir wollen Hindernisse abbauen, die die Menschen in ihrer Mobilität einschränken – das betrifft alle Generationen, nicht nur die Senioren. Deswegen arbeiten wir unter anderem auch eng mit der Behindertenbeauftragten zusammen, die kooptiertes Mitglied des Seniorenrats ist.

Worum geht es konkret?

Ein gutes Beispiel für Barrierefreiheit ist der Bahnhof in Salzderhelden, der seit einiger Zeit über eine Rampe und eine automatisch öffnende Tür verfügt. Rund um den Einbecker Marktplatz haben wir dazu beigetragen, dass Menschen mit Rollstuhl oder Rollator nicht mehr über Buckel-Pflaster fahren müssen. Und am Möncheplatz haben wir dafür gesorgt, dass der Parkscheinautomat mit dem Rollstuhl zugänglich ist. Generell brauchen Ältere breitere Parkplätze mit mehr Raum zum Ein- und Aussteigen.

Sind die Probleme damit gelöst?

Nein, Barrierefreiheit betrifft viele Bereiche – zum Beispiel die öffentlichen Toiletten. Vor Kurzem haben wir beispielsweise erreicht, dass der Zentralfriedhof in Einbeck eine zusätzliche Behindertentoilette bekommt. Grundsätzlich setzen wir uns für ein durchgehendes System von Toiletten ein, die man ohne Bezahlung benutzen kann. Ein wichtiger Beitrag dazu sind die „freundlichen Toiletten", die viele Einbecker Geschäfte anbieten.

Das klingt, als würden Sie überall offene Türen einrennen.

Ganz so ist es nicht. Wir brauchen schon eine gewisse Hartnäckigkeit – vor allem, wenn es um öffentliche Mittel geht. Das Geld der Stadt ist nun einmal begrenzt. Verbesserungsbedarf sehen wir zum Beispiel am Marktplatz, wo es noch keine behindertengerechte Toilette gibt. Die Planung sieht allerdings eine vor.

Wie steht es mit den Einkaufsmöglichkeiten für Senioren?

In Zusammenarbeit mit Einbeck Marketing, Landesseniorenrat und Einzelhandelsverband gehen wir regelmäßig als Tester in die Geschäfte, die das wünschen und bewerten, ob die Läden das Qualitätssiegel für „Generationenfreundliches Einkaufen" verdienen. Wir achten zum Beispiel darauf, ob die Breite der Gänge für Rollatoren ausreicht oder ob die Produkte in den oberen Regalen gut erreichbar sind. Oft stellen wir fest, dass die Geschäfte ihren Kunden keine Sitzmöglichkeiten anbieten. Für viele Ältere ist das ein Problem. Darauf weisen wir immer wieder hin. Einige Geschäfte ignorieren das aber. Ein großer Nachteil für

Senioren ist die Verlagerung von Einkaufsmöglichkeiten aus dem Zentrum in die Randgebiete. Auch Banken sind zunehmend schlecht erreichbar, weil sie ihre Filialen in den kleineren Orten schließen. Das sehen wir kritisch.

Veröffentlicht: 27. Juli 2018

„Die Zielgruppe der Älteren ist sehr heterogen"

Birgit Rosenbauer, Geschäftsführerin der Einbecker Wohnungs-baugesellschaft (EWG), über Bevölkerungsschwund, Neubau-projekte und die Ansprüche älterer Mieter.

Wie beeinflussen die sinkenden Einwohnerzahlen die Nachfrage nach Wohnungen in Einbeck?

Aufgrund der Bevölkerungsentwicklung wird es bereits 2020 rund 250 Haushalte weniger geben als noch 2017. Langfristig verstärkt sich dieser Trend weiter und dementsprechend sinkt auch der Wohnungsbedarf. Das ist die Gesamtbetrachtung. Bei der EWG spüren wir erfreulicherweise keine Flaute – mit einer Leerstandsquote zwischen 0,3 und 0,7 Prozent stehen wir sogar besser da als vor zehn Jahren. Damals lagen wir bei rund sechs Prozent Leerstand.

Wie erklären Sie sich das?

Unsere Investitions- und Marketingstrategie geht offenbar auf. Wir investieren jährlich zwischen zwei und drei Millionen Euro in die Modernisierung unseres Bestands – zum Beispiel in Energieeffizienz. Hinzu kommen Investitionen in Neubauprojekte. Ein Trend, der dem Bevölkerungsrückgang entgegenwirkt, ist die wachsende Zahl von Einpersonenhaushalten. Ich schätze, dass dieser Effekt den Nachfragerückgang zu etwa 20 Prozent kompensiert.

Wenn es Ihnen so gut geht, muss die Lage bei anderen umso schlechter sein ...

Ich kenne die Situation unserer Wettbewerber nicht im Detail. Aber in vielen Fällen scheint die Lage deutlich schwieriger zu sein als bei uns. Ich gehe zum Beispiel davon aus, dass es in etlichen Fachwerkhäusern Leerstand gibt, weil Sanierungen und

Modernisierungen sich sehr komplex gestalten und zudem nicht wirtschaftlich sind.

Auch die EWG hat schon Wohnhäuser abgerissen – etwa in Salzderhelden. Gibt es bei Ihnen keine Problemfälle?

Aktuell nur sehr wenige. Wir haben insgesamt rund 3.000 Wohnungen in der Verwaltung, davon gehören 1.600 uns selbst und 1.400 verwalten wir für andere Eigentümer. Ein großer Vorteil für uns ist sicherlich, dass diese Immobilien zum allergrößten Teil in der Kernstadt liegen. Dort ist die Wohnungsnachfrage spürbar besser als in den Ortsteilen.

Der Bevölkerungsrückgang wird begünstigt durch die Strukturschwäche der Region. Wie passen dazu Kaltmieten von zehn Euro pro Quadratmeter – so wie bei Ihrem jüngsten Neubauprojekt?

Sie meinen das Objekt am Petersilienwasser. Dort verlangen wir in der Tat diesen Preis, was durch den hohen Standard aber auch gerechtfertigt ist. Bei unseren Bestandsimmobilien sind die Mieten deutlich geringer. Hier liegen wir im Durchschnitt bei 4,95 Euro pro Quadratmeter bzw. bei 6,20 Euro nach Modernisierungen. Für manchen Kunden ist sicherlich auch das schon viel Geld. Allerdings müssen wir über die Mieten unsere Investitionen finanzieren. Zudem erhöhen wir die Mieten nur selten bei bestehenden Verträgen. In der Regel modernisieren wir erst und heben dann bei der Neuvermietung den Preis an.

Welche besonderen Anforderungen haben ältere Mieter an ihre Wohnungen?

Ein großes Thema ist Barrierefreiheit. Das bedeutet zum Beispiel, dass es in der Wohnung keine Türschwellen gibt und die Dusche ebenerdig ist. Die Dusche sollte größer sein als der Standard – zum Beispiel 1,10 x 1,10 Meter statt der üblichen 0,90 x 0,90

Meter. Auch ein Fahrstuhl ist vorteilhaft. Allerdings ist das teuer und schlägt sich in den Betriebskosten nieder. In unseren Bestandsbauten der 50er- und 60er-Jahre ist Barrierefreiheit in einem gewissen Rahmen, aber nicht immer vollständig umsetzbar. Dann sprechen wir vom barrierearmen Wohnen.

Was tun Sie bei Neubauten, um den Bedürfnissen älterer Kunden gerecht zu werden?

In unseren Gebäuden am Petersilienwasser haben wir die genannten Anforderungen komplett umgesetzt. Ein weiterer wichtiger Pluspunkt ist dort die Zentrumsnähe mit kurzen Wegen zum Einkaufen oder zu Ärzten. Den nächsten Neubau haben wir an der Baurat-Hase-Straße begonnen. Auch dort haben wir eine ältere Zielgruppe mit typischerweise kleinen Haushaltsgrößen im Blick. Die größte Wohnung wird rund 50 Quadratmeter groß sein. Der Standard wird einfacher sein als am Petersilienwasser, dafür wird die Kaltmiete nur bei ca. 7 Euro pro Quadratmeter liegen. 2019 wird das Haus bezugsfertig sein. Übrigens planen wir so, dass wir flexibel bleiben. Falls wir langfristig doch mehr größere Wohnungen brauchen, dann können wir die Grundrisse mit relativ einfachen Mitteln verändern.

Alt ist nicht gleich alt – auf der einen Seite gibt es die fitten Senioren, auf der anderen die pflegebedürftigen Hochbetagten. Wie unterscheiden sich die Ansprüche?

Die Zielgruppe der Älteren ist in der Tat sehr heterogen. Das erleben wir beispielsweise in unseren drei Einrichtungen für betreutes Wohnen, also im Johannisstift, in St. Spiritus und am Haspel. Im Grunde leben dort zwei Generationen. Es gibt die 70-Jährigen, die typischerweise vollkommen autark leben, Gemeinschaftsveranstaltungen wie Yoga oder Kochen schätzen und nur bei Bedarf einzelne Dienstleistungen in Anspruch nehmen. Und es gibt die 100-Jährigen, die meist regelmäßig von einem Pflegedienst betreut werden und sich eher in den eigenen vier Wänden aufhalten. Das ist nicht leicht unter einen Hut zu bringen – gerade wirtschaftlich.

Was meinen Sie damit?

Die Bewohner können viele unterschiedliche Dinge in Anspruch nehmen, vom Beratungs- und Besuchsservice bis zum Veranstaltungsangebot. Während viele Hochbetagte dafür gern eine Pauschale bezahlen, ziehen die Jüngeren typischerweise eine Einzelabrechnung wie bei den Wahlleistungen vor. Das ist für den Dienstleister schwierig zu kalkulieren, denn wenn er Personal vorhält, dann braucht er einen Grundumsatz.

Der Einbecker Markt für Wohnhäuser gilt als angespannt. Kritiker sagen: Das liegt auch daran, dass die Besitzer keine passende Wohnung für das Alter finden. Trifft das zu?

Ich kann das nicht bestätigen. Für unser Objekt in der Baurat-Hase-Straße haben wir zwar eine ordentliche Nachfrage, aber wir werden auch nicht überrannt. Es gibt keine langen Wartelisten. Das spricht dagegen, dass es einen großen Mangel an altengerechten Wohnungen gibt. Ich vermute eher, dass die Generation der 80- bis 90-Jährigen eine starke Bindung an ihre Häuser hat und sich nur schwer trennt. Für unser Geschäft bedeutet das, dass wir Neubauten für ältere Kunden auf Sicht planen. Wir werden zunächst abwarten, wie sich die Wohnungen in der Baurat-Hase-Straße vermieten. Dann entscheiden wir, ob wir weitere Neubauten brauchen.

Veröffentlicht: 3. August 2018

„Die Alten kommen nicht mehr weg aus den Dörfern"

Bürgermeisterin Sabine Michalek (CDU) über die Rolle der Einbecker Stadtverwaltung und die besonderen Probleme abgelegener Ortschaften.

Einbecks Bevölkerung wird in den kommenden Jahrzehnten deutlich altern und schrumpfen. Was sind die wichtigsten Handlungsfelder, um mit diesem demografischen Wandel umzugehen?

Es gibt viele Themen, um die wir uns kümmern müssen – von der Pflege über barrierefreies Wohnen bis zur hausärztlichen Versorgung. Besonders wichtig sind für Einbeck aber zwei Dinge. Wir brauchen Antworten auf den drohenden Fachkräftemangel. Und: Wir müssen die Mobilität der Menschen gerade in den kleinen Ortschaften sicherstellen.

Hat der Fachkräftemangel Einbeck schon erreicht?

Bisher ist er noch nicht akut. Aber Tatsache ist: Einbeck ist für Fachkräfte von außerhalb leider nicht so attraktiv wie viele Großstädte. Hinzu kommt, dass uns jedes Jahr mehr junge Menschen verlassen als von anderswo zuziehen. Spätestens in 10 bis 15 Jahren, wenn die heute 50-Jährigen in Rente gehen, werden wir vor einem ernsten Problem stehen. Bei der Stadtverwaltung reagieren wir darauf, indem wir schon heute über den aktuellen Bedarf ausbilden.

Worin besteht das Problem bei der Mobilität?

Man muss sich klar machen, wie groß und dünn besiedelt die Stadt mit ihren 46 Ortschaften ist. Flächenmäßig ist unser Stadtgebiet größer als Hannover – und das bei nur 32.000 Einwohnern. Für die kommunalen Straßen bedeutet das: Wir haben schon heute einen hohen Aufwand für Instandhaltung und

Erneuerung. Bei sinkenden Einwohnerzahlen steigen die Ausgaben pro Kopf nochmals erheblich. Straßen in abgelegene, schrumpfende Dörfer werden damit immer unwirtschaftlicher, denn die Unterhaltungskosten bleiben fix. Eine zweite Schwierigkeit: Gerade in den kleinen Orten lassen sich viele Ältere gern zum Arzt oder Einkaufen mitnehmen. Je mehr Junge den Ort verlassen, desto schlechter funktioniert aber solche Nachbarschaftshilfe – die Alten kommen nicht mehr weg aus den Dörfern.

Welche Lösungen gibt es?

In den Orten gibt es viele gute Ideen und Aktivitäten – so wie die Mitfahrerbank in Hullersen. Leider scheitern einige lohnenswerte Initiativen an den rechtlichen Rahmenbedingungen. Das gilt zum Beispiel für manche Bürgerbus-Projekte, die den strengen Vorgaben des Personenbeförderungsgesetzes unterliegen. Hier wäre es sinnvoll, wenn der Gesetzgeber den Ehrenamtlichen das Leben leichter machen würde. Neben privaten Initiativen spielt natürlich der Öffentliche Personennahverkehr eine große Rolle für die Mobilität auf dem Land.

Wie beeinflusst der jüngste Zuzug von Flüchtlingen die Bevölkerungsentwicklung?

Nicht wesentlich. Einbeck hat vor drei Jahren gut 400 Menschen aufgenommen. Das ist eine Größenordnung, die auf lange Sicht zu vernachlässigen ist. Etwas anders sieht es mit dem Zuzug aus EU-Staaten aus. Hier haben wir beispielsweise erlebt, dass starke Zuwanderung aus Rumänien den Fortbestand der Grundschule Kreiensen mit ihrer Außenstelle in Greene gesichert hat. Aber so etwas ist eher ein ungewöhnlicher Einzelfall.

Welche Rolle muss die Verwaltung bei der Gestaltung des Wandels grundsätzlich spielen?

Unsere finanziellen Spielräume sind gering - auch weil wir an den Zukunftsvertrag gebunden sind. In erster Linie können wir moderieren, beraten, auf Probleme aufmerksam machen. Ein gutes Beispiel dafür ist der Runde Tisch zur hausärztlichen Versorgung, der auf Initiative der Stadtverwaltung entstanden ist. Nach anfänglichen Schwierigkeiten sind aus den Gesprächen interessante neue Modelle entstanden. Zum Beispiel konnten einige ältere Hausärzte ihre Praxis frühzeitig an einen jüngeren Nachfolger übergeben – und selbst als angestellte Ärzte weiterarbeiten.

Veröffentlicht: 12. August 2018

„Viele Fachkräfte können sich aussuchen, wo sie arbeiten wollen"

Maik Heise, Arbeitsagentur, über Mangelberufe, Abwerbeversuche und neue Chancen für Arbeitsuchende. Zum Zeitpunkt des Interviews war Heise Geschäftsstellenleiter für Northeim, Einbeck und Uslar.

Einbecks Bevölkerung altert und schrumpft. Finden die Unternehmen noch genügend Mitarbeiter?

Durch die gute Konjunktur und den demografischen Wandel ist die Arbeitslosigkeit auf einen historischen Tiefstand gesunken. In vielen Branchen haben es die Unternehmen inzwischen schwer, ausgebildete Fachkräfte zu finden. Verfügbar sind überwiegend Menschen ohne Ausbildung oder mit lange zurückliegendem Berufsabschluss. Die Arbeitgeber reagieren darauf und geben zunehmend auch Arbeitsuchenden eine Chance, die nicht alle gewünschten Qualifikationen mitbringen. Das ist ein schwieriger Prozess. Aber nicht nur Fachkräfte sind gesucht: Auch die Besetzung sogenannter Helferstellen wird schwieriger.

In welchen Branchen ist der Mangel besonders groß?

Von einem Mangel sprechen wir, wenn auf eine ausgeschriebene Stelle statistisch weniger als drei Arbeitslose des entsprechenden Berufes kommen. Das ist in Teilen des Handwerks so und insbesondere in den Pflege- und Gesundheitsberufen. Besonders betroffen ist die Altenpflege. Steuerfachangestellte und Fachkräfte im Elektro- oder Mechatronikbereich sind ebenfalls kaum zu finden. Und dann darf man auch nicht vergessen: Selbst wenn es auf dem Papier einen geeigneten Kandidaten gibt, wie eventuell in der Gastronomie, so kommen Angebot und Nachfrage nicht zwangsläufig zusammen.

Woran liegt das?

Es kann beispielsweise sein, dass die Arbeitszeit nicht passt. Dabei ist sowohl der Stundenumfang als auch die Verteilung der Arbeitszeit ein Thema. Denn Arbeitszeiten am Wochenende oder in den Abendstunden sind für viele Bewerber unattraktiv. Aber auch der Weg zur Arbeit spielt in einer ländlichen Region eine große Rolle. Ist der Arbeitsort mit öffentlichen Verkehrsmitteln überhaupt zu den Arbeitszeiten erreichbar? Und stehen Verdienst und Fahrtzeit in einem akzeptablen Verhältnis? Darüber hinaus muss die Chemie stimmen - das gilt gerade in kleinen Einheiten, wenn eng zusammengearbeitet wird.

Was sind die Folgen des Mangels?

Viele Handwerker haben lange Wartezeiten oder müssen sogar Aufträge ablehnen. Das ist natürlich misslich und bremst das Umsatzwachstum. Ähnlich sieht es in der Pflege aus. Was es für Pflegebedürftige und auch Angehörige bedeutet, wenn ein Pflegeplatz oder die ambulante Versorgung nicht zeitnah gesichert ist, kann sich wohl jeder vorstellen.

Für die Bewerber müsste das gut sein – sie haben die Auswahl.

In der Tat ist es so, dass der Arbeitsmarkt zunehmend zum Arbeitnehmermarkt wird. Viele Fachkräfte können sich aussuchen, wo oder für wen sie arbeiten wollen. Bei unbeliebten Arbeitszeiten, zum Beispiel am Wochenende, funktionieren Einstellungen oft nur über das Geld. Dort, wo absoluter Fachkräftemangel herrscht, kommt es zu Abwerbungsversuchen bei Mitbewerbern. Arbeitgeber müssen sich also nicht nur über die Gewinnung, sondern auch das Halten von Fachkräften Gedanken machen.

Wie attraktiv ist Einbeck für Fachkräfte von außerhalb?

Zumindest für kleine und mittelständische Unternehmen ist der Charme der Region nicht wirklich gewinnbringend bei der Bewerberakquise. Man muss schon das Leben auf dem Land mögen, um sich für Einbeck und gegen eine Großstadt zu entscheiden. Das spüren zum Beispiel Unternehmen, die überregional Ingenieure oder Controller suchen.

Bis 2030 schrumpfen die Jahrgänge der Erwerbstätigen weiter. Was heißt das für den Einbecker Arbeitsmarkt?

Bisher spüren wir erst den Beginn des demografischen Wandels. Wenn in den nächsten 10 bis 12 Jahren die Babyboomer-Jahrgänge nach und nach in Rente gehen, wird das Angebot an Fachkräften weiter sinken. Zugleich verändert die Digitalisierung den Arbeitsmarkt und natürlich auch die Berufe. Roboter werden immer mehr Aufgaben übernehmen. Es bleibt abzuwarten, wie diese beiden Trends zusammenwirken.

Was empfehlen Sie Arbeitgebern?

Unternehmen sollten sich darauf einstellen, dass nicht jeder Bewerber 1a-Qualifikationen mitbringt. Sie sollten die Arbeit so organisieren, dass sie auch Mitarbeiter mit eingeschränkter Leistungsfähigkeit sinnvoll einsetzen können. Und: Sie sind gut beraten, ihre Beschäftigten so lange wie möglich im Betrieb zu halten. Das kann zum Beispiel durch betriebliche Weiterbildung geschehen, damit gegebenenfalls andere Aufgaben übernommen werden können. Als Arbeitsagentur können wir insbesondere in kleinen und mittelständischen Unternehmen Weiterbildungen unter bestimmten Voraussetzungen fördern.

Veröffentlicht: 19. August 2018

„Kosten sind in Zukunft von weniger Bürgern zu tragen"

Florian Schröder, Allgemeiner Vertreter der Einbecker Bürgermeisterin, über Sparzwänge, E-Government und die Zusammenarbeit mit anderen Kommunen.

Laut Prognosen wird Einbeck bis 2030 mehr als 4.000 Einwohner verlieren. Was bedeutet das für die Finanzkraft der Stadt?

Unsere wichtigste Einnahmequelle, die Gewerbesteuer, hängt nicht von der Einwohnerzahl ab. Nachteile könnten mittel- und langfristig im kommunalen Finanzausgleich entstehen, wenn wir bei sinkenden Einwohnerzahlen geringere Zuweisungen bekommen. Insgesamt wird der Effekt auf der Einnahmeseite aber überschaubar sein.

Und auf der Ausgabenseite?

Da sind die Effekte deutlich stärker. Die Vielfalt unserer Aufgaben bleibt unverändert hoch, aber die Kosten sind in Zukunft von weniger Bürgern zu tragen. Zum Beispiel wird es weniger Kunden im Bürgerbüro geben und weniger Kinder in den Kitas - die Kosten sinken aber nicht im gleichen Maße.

Müssen Leistungen wegfallen?

Bei den Dorfgemeinschaftshäusern sollten wir künftig genauer hinschauen, ob Sanierungen und Investitionen bei sinkenden Einwohnerzahlen tatsächlich wirtschaftlich sind. Auch die Situation bei den Friedhöfen sollten wir uns anschauen. Heute verfügt fast jeder Ortsteil über einen eigenen Friedhof. Viele davon tragen sich aber nicht selbst und werden schon jetzt mit den Einnahmen des Zentralfriedhofs in Einbeck subventioniert.

Welche Rolle spielt die Digitalisierung von Verwaltungsleistungen?

Das ist ein wichtiges Thema – sowohl bei den internen Abläufen als auch bei elektronischen Leistungen für die Bürger. Leider muss man sagen: Wir hinken beim E-Government hinterher. Niedersachsen hat es verschlafen, frühzeitig einheitliche Standards für die Kommunen zu setzen. Vor uns liegt noch ein langer, auch kostspieliger Weg. Das Ziel ist aber klar: Wir wollen eine konsolidierte Anlaufstelle für die Bürger, wo sie vom Beantragen des neuen Reisepasses bis zur Kita-Anmeldung alles erledigen können. Komplett online.

Welche Einsparungen bringt das in der Verwaltung?

Ich erwarte keine hohen Einsparungen. Zwar fallen einfache Tätigkeiten weg, die heute noch von Hand erledigt werden. Andererseits brauchen wir für die Pflege der E-Government-Plattform aber auch gut qualifizierte Mitarbeiter. Tendenziell werden diese Stellen besser bezahlt sein als heute. Unter dem Strich könnte das ein Nullsummenspiel werden.

Ist es bei sinkenden Einwohnerzahlen nicht sinnvoll, möglichst viele Leistungen zusammen mit anderen Kommunen zu erbringen?

Ja, in vielen Fällen passiert das auch schon. Denken Sie nur daran, dass wir die Aufgaben des Rechnungsprüfungsamts und die Zuständigkeit für die weiterführenden Schulen an den Landkreis Northeim abgegeben haben. Andere Kommunen haben sich von der Bauaufsicht getrennt. Bei unserem breiten Aufgabenspektrum ist theoretisch vieles denkbar, beispielsweise ein gemeinsamer Fuhrpark oder ein gemeinsamer Bauhof mit anderen Städten. Auch weitere Gemeindefusionen sind auf lange Sicht nicht auszuschließen. Konkrete Überlegungen oder gar

Planungen gibt es hierzu aber nicht, da mit der Abgabe von Aufgaben natürlich auch immer ein Verlust von Gestaltungs- und Steuerungsmöglichkeiten einhergeht und die Wege länger werden. Entsprechende Maßnahmen sollten daher immer nur die Ultima Ratio sein.

Veröffentlicht: 26. August 2018

„Es darf uns kein Jugendlicher verloren gehen"

Maik Heise, Arbeitsagentur, über schrumpfende Azubi-Jahrgänge, den Trend zum Studium und überzogene Erwartungen an Nachwuchskräfte.

Viele junge Einbecker verlassen die Stadt für Ausbildung oder Studium. Finden die Arbeitgeber genügend Nachwuchs?

Viele Unternehmen haben große Schwierigkeiten, ihre Lehrstellen zu besetzen. Das gilt besonders für das Handwerk und die Gastronomie. In den vergangenen Jahren ist das Angebot an Ausbildungsplätzen in Einbeck leicht gestiegen, die Zahl der Bewerber dagegen deutlich gesunken. Zum Ausbildungsstart 2013 waren bei uns 312 Bewerber für Ausbildungsstellen gemeldet, für 2017 waren es nur noch 261 Bewerber. Für das laufende Berichtsjahr liegen noch keine Gesamtzahlen vor.

Was sind die Ursachen für den Bewerberrückgang?

Der Trend zum Studium ist ungebrochen. Das ist einerseits verständlich, weil viele ein Studium als bestmögliche Voraussetzung für eine erfolgreiche Berufslaufbahn ansehen. Andererseits ist es fatal für Unternehmen, die auf Auszubildende als Fachkräftenachwuchs angewiesen sind. Neben der gestiegenen Studierneigung macht sich allerdings auch die demografische Entwicklung auf dem Ausbildungsmarkt bemerkbar, die Jahrgänge sind kleiner als früher.

Wie reagieren Unternehmen auf die Schwierigkeiten bei der Nachwuchs-Gewinnung?

Einige bieten duale Studiengänge an, die eine betriebliche Ausbildung mit einem Hochschulstudium kombinieren. In unserer Region sind das allerdings derzeit noch eher Einzelfälle. Auch die Teilnahme an Veranstaltungen zur Berufsorientierung, wie beispielsweise der Einbecker Ausbildungsmesse oder dem Northeimer Berufsinfotag, ist ein Instrument der Nachwuchs-werbung. Bei der Eigenwerbung haben viele Branchen auch aus dem Handwerk allerdings noch Nachholbedarf. Es reicht heute nicht mehr aus, sich bei einer Ausbildungsbörse hinter einen Stand zu stellen und auf geeignete Kandidaten zu warten. Es ist schade, dass viele Unternehmen nicht offensiver für sich und ihre Ausbildungsangebote werben, denn es gibt viele gute Argumente für eine Ausbildung.

Welche?

Viele Bewerber unterschätzen die Chancen, die eine Ausbildung eröffnet. Mit dem Abschluss der Lehre ist der Karriereweg ja noch längst nicht zu Ende. Man kann zum Beispiel den Betriebswirt, Techniker oder Meister aufsatteln, dafür gibt es auch Fördermöglichkeiten. Ein weiterer Pluspunkt ist, dass Auszubildende vom ersten Tag an Geld verdienen. Auf die Lebenszeit gesehen kann das Einkommen damit höher ausfallen als mit einem Studium. Und wer sich zum Beispiel als Meister selbstständig machen will, hat gute Chancen, einen etablierten Betrieb zu übernehmen, denn in vielen Inhaberfamilien gibt es keinen Nachfolger.

Es ziehen nicht nur viele junge Einbecker weg – etliche ziehen auch zu. Was macht die Stadt für sie attraktiv?

Zuzüge hängen in der Regel von einem konkreten, attraktiven Stellenangebot ab. Grundsätzlich geht der Trend eher in die Ballungszentren. Ein aktuelles Beispiel hierfür ist die Debatte um fehlende Landärzte und die Diskussion um die Gewinnung von Ärzten für den ländlichen Raum. Auch deshalb wäre es hilfreich, die Vorteile einer Ausbildung stärker herauszustellen. Für Heimatverbundene ist das eine große Chance. Wer seine Lehre in

Einbeck absolviert, der wird mit einiger Wahrscheinlichkeit auch danach in der Region bleiben. Wer dagegen zum Studium in eine Großstadt zieht, kommt oftmals nicht zurück.

Bis 2030 sinkt die Zahl der Schulabgänger in Einbeck deutlich. Was heißt das für die Arbeitgeber?

Sie sollten Auszubildenden eine Chance geben, die nicht die besten Noten haben, aber lernbereit und motiviert sind. Wir können es uns nicht leisten, dass potenzielle Nachwuchskräfte ohne berufliche Perspektive auf der Straße stehen. In einigen Fällen wäre es sicherlich auch sinnvoll, die Anforderungen an den Schulabschluss zu senken – ich denke an etliche Anwälte, die von angehenden Rechtsanwaltsfachangestellten oftmals zwingend Abitur verlangen. Auch das Instrument des Praktikums könnte noch stärker genutzt werden, um die Eignung und Motivation im Vorfeld zu überprüfen. So hätten auch Jugendliche eine bessere Chance zu überzeugen, deren Talente nicht im Zeugnis Ausdruck fanden. Und einen weiteren Aspekt sollten die Unternehmen bei der Ausbildungsplanung berücksichtigen: 2020 werden aufgrund der Umstellung des Abiturs von G8 auf G9 in Niedersachsen deutlich weniger Abiturienten auf den Ausbildungsmarkt kommen, da die allgemeinbildenden Gymnasien keinen Entlassjahrgang haben. Betriebe sollten deshalb überlegen, ob sie 2019 vielleicht einen oder zwei Ausbildungsplätze mehr anbieten.

Welche Rolle spielt der Zuzug aus dem Ausland, etwa von Flüchtlingen?

Viele Unternehmen waren in den vergangenen Jahren sehr offen gegenüber Migranten und haben etlichen jungen Flüchtlingen Halbjahrespraktika angeboten. Zwar war die Zeit oft zu kurz, um ausreichend Deutsch für eine Ausbildung zu lernen. Aber in einigen Fällen werden die Flüchtlinge jetzt als Helfer beschäftigt und können vielleicht in ein oder zwei Jahren eine Lehre beginnen. Zwingende Voraussetzung für eine erfolgreiche Ausbildung sind nun mal ausreichende Deutschkenntnisse, denn trotz überzeugender praktischer Talente scheitern die Auszubildenden sonst in der Berufsschule im theoretischen Teil der Ausbildung.

Was tut die Arbeitsagentur, um Bewerber und Arbeitgeber im Wandel zu unterstützen?

Wir planen im Landkreis Northeim gemeinsam mit dem Jobcenter und der Kreisverwaltung die Einrichtung einer Jugendberufsagentur. Davon versprechen wir uns, den Übergang von der Schule in den Beruf gemeinsam mit den Jugendlichen besser gestalten zu können. Denn unter diesem Dach werden wir alle Angebote bündeln. Für die Jugendlichen wird es damit einfacher, sich zu orientieren. Geplant ist der Start in Northeim, Einbeck und Uslar sollen folgen. Darüber hinaus bietet die Ländliche Erwachsenenbildung an den Standorten Einbeck und Northeim im Auftrag der Arbeitsagentur berufsvorbereitende Bildungsmaßnahmen an. Dabei werden auch Praktika vermittelt. Für Betriebe ist dies eine gute Möglichkeit, Bewerber kennenzulernen und vielleicht für die Ausbildung zu gewinnen.

Und welche Angebote gibt es für Unternehmen?

Für Betriebe wird es immer wichtiger werden, auch Ausbildungsbewerbern aus der zweiten Reihe eine Chance zu geben. Hier haben wir verschiedene Förderinstrumente, die Unternehmen bei der Ausbildung unterstützen. Zum Beispiel ausbildungsbegleitende Hilfen, eine Art Nachhilfe für Azubis. Denn in Sachen Ausbildung gilt heute mehr denn je: Es darf uns kein Jugendlicher verloren gehen.

Veröffentlicht: 2. September 2018

Aktualisierung:

Der geplante Einbecker Standort der Jugendberufsagentur wurde 2019 im Jobcenter am Teichenweg eröffnet.

„Mangelnde Deutschkenntnisse sind oft das einzige Hindernis"

Peter Traupe, Geschäftsführer der SPD-Kreistagsfraktion, über fehlende Fachkräfte und bessere Sprachförderung für anerkannte Flüchtlinge.

Sie verlangen eine bessere Sprachförderung für Flüchtlinge im Landkreis Northeim. Was ist der Grund?

Wir sehen, dass es in unserer Region zunehmend an qualifizierten Arbeitskräften fehlt. Das gilt beispielsweise für die Alten- und Krankenpflege, aber auch für andere Dienstleistungsberufe. Bei DB Regio und privaten Eisenbahnunternehmen etwa sind schon Fahrten ausgefallen, weil es nicht genügend Lokführer gibt. Gleichzeitig leben bei uns viele Flüchtlinge, die gesuchte Qualifikationen mitbringen oder eine passende Ausbildung absolvieren könnten. Oft sind mangelnde Deutschkenntnisse das einzige Hindernis für einen Berufseinstieg. Das wollen wir ändern.

Wie soll das konkret funktionieren?

Wir wollen eine Förderung für alle anerkannten Flüchtlinge und Bleibeberechtigten, sodass jeder mindestens das Sprachniveau B1 oder B2 erwerben kann. Heute gibt es hier einige Lücken in unserem Recht, sodass nicht jeder Zugang zu den notwendigen Kursen bekommt. Im Grunde müsste der Bundesgesetzgeber das über ein Einwanderungsgesetz regeln. Aber solange das nicht der Fall ist, sollte der Landkreis einspringen und auch die Finanzierung übernehmen.

Der Bundeshaushalt weist Überschüsse aus. Warum sollte der finanzschwache Landkreis Northeim die Aufgaben freiwillig übernehmen?

Weil es der Region nützt! Zu einer guten Lebensqualität gehören ein funktionierender Nahverkehr und gute Pflegeangebote für die Alten. Wenn das an fehlenden Fachkräften scheitert, haben wir nichts gewonnen. Aber wie gesagt: Im Grunde muss der Bund die Sprachförderung über ein Einwanderungsgesetz regeln. Es geht um eine pragmatische Übergangslösung.

Was sagen Sie Bürgern, die Vorbehalte gegen einen besseren Arbeitsmarktzugang für Flüchtlinge haben?

Durch zusätzliche Sprachkurse wird niemandem etwas weggenommen! Wir wollen Menschen fördern, die als anerkannte Flüchtlinge oder Bleibeberechtigte dauerhaft bei uns leben. Wenn sie dank besserer Deutschkenntnisse eine qualifizierte Arbeit finden, dann hilft das allen: den Zuwanderern, unseren Unternehmen und dem Staat, der Sozialausgaben spart und zusätzliche Steuereinnahmen bekommt. Übrigens erleichtern gute Sprachkenntnisse auch die Verständigung mit den deutschen Nachbarn. Ich weiß, dass viele Menschen bei der Zuwanderung eine unterschwellige Angst empfinden. Aber wir sollten uns davon nicht leiten lassen. Ich finde: Wir sollten froh sein, dass wir selbst nicht unsere Heimat verlassen müssen – und diejenigen unterstützen, die eine lange Flucht hinter sich haben.

Veröffentlicht: 9. September 2018

Aktualisierung:

Der Landkreis Northeim stellt mittlerweile jährlich 100.000 Euro aus kommunalen Mitteln für die Sprachförderung von Migrantinnen und Migranten zur Verfügung (Stand: Oktober 2020).

„Viele Häuser stehen leer oder sind in schlechtem Zustand"

Peter Traupe, SPD-Kreistagsfraktion, über altengerechtes Wohnen, sanierungsbedürftige Immobilien und überzogene Mieten.

Die SPD fordert ein Wohnraum-Konzept für den Landkreis Northeim. Warum?

Unsere Region verliert kontinuierlich Einwohner, auch wenn sich die Abwanderung in jüngster Zeit etwas abzuschwächen scheint. Um Menschen von außerhalb zu gewinnen beziehungsweise hier zu halten, brauchen wir einerseits attraktive Arbeitsplätze. Hier sind wir mit unseren bekannten Unternehmen und der Nähe zu Göttingen recht gut aufgestellt. Zum anderen brauchen wir aber auch guten Wohnraum für alle Generationen und für jeden Geldbeutel. Daran mangelt es.

Wo liegen die Probleme?

Nehmen wir das Beispiel Einbeck. Man muss nur durch die Innenstadt gehen, um zu sehen: Viele Häuser stehen leer oder sind in schlechtem Zustand. Das gilt auch in manchen Ortsteilen. Gerade aus vielen rückliegenden Bauten könnte man wesentlich mehr machen. Hinzu kommt: Angesichts der alternden Bevölkerung brauchen wir mehr barrierefreie Wohnungen in Zentrumsnähe oder mit guter Anbindung an den öffentlichen Nahverkehr. Vor allem die kommunalen Wohnungsbaugesellschaften und ihre Eigentümer sind gefordert.

In Einbeck hat die EWG gerade in barrierefreies Wohnen am Petersilienwasser investiert ...

Kaltmieten von zehn Euro pro Quadratmeter sind aber für viele unbezahlbar! Solche Projekte sind nicht die vorrangige Aufgabe kommunaler Wohnungsbaugesellschaften. Und der nächste Neubau der EWG an der Baurat-Hase-Straße ist zu weit von der Innenstadt entfernt. Gerade Ältere brauchen kurze Wege zum Einkaufen sowie zu Ärzten und Apotheken.

Ein Wohnraum-Konzept steht erst einmal nur auf dem Papier. Was ändert sich dadurch?

Bei vielen Förderprogrammen ist solch ein Konzept die Voraussetzung, um an Fördermittel zu kommen. Das würde vieles verändern, denn letztlich hängt es ja oft am Geld, ob ein Projekt realisiert wird. Von Fördermitteln können private Hauseigentümer ebenso profitieren wie kommunale Gesellschaften oder andere Investoren. Wo Investitionen in Wohnraum nicht sinnvoll sind, brauchen wir vernünftige Alternativen. Das kann auch ein gezielter Rückbau sein, um die Flächen anders zu nutzen.

Bleibt das Problem der Verkehrsanbindung. Der öffentliche Nahverkehr ist in unserer ländlichen Gegend alles andere als gut...

Das sehe ich anders. Der Zweckverband Südniedersachsen hat den Busverkehr spürbar verbessert. Und die Einbecker Kernstadt bekommt bald einen Bahnanschluss. Zu den Pendlerzeiten wird es durchgehende Verbindungen nach Göttingen geben. Außerhalb dieser Zeiten kann man mit der Bahn nach Salzderhelden fahren und dort in den Metronom nach Hannover oder Göttingen steigen. Das ist ein großer Fortschritt. Nicht zu vergessen das Nachtbusangebot an Wochenenden von und nach Göttingen.

Veröffentlicht: 22. September 2018

Aktualisierung:

Nach Angaben der Kreisverwaltung von Oktober 2020 wurde für den Landkreis Northeim kein Wohnraumversorgungskonzept erstellt, da die Stadt Einbeck bereits über ein Konzept verfügt und die Stadt Northeim ein Konzept in Auftrag gegeben hat.

„Die Sicherheit am Steuer zurückgewinnen"

Lothar Dolle, stellvertretender Vorsitzender des Einbecker Seniorenrats, über Fahrtraining für ältere Autofahrer und schnelle Hilfe bei medizinischen Notfällen.

Viele Senioren leben mobil und unabhängig – was ist daran problematisch?

Ich wünsche jedem, dass er so lange wie möglich selbstständig und aktiv leben kann. Schwierig wird es dann, wenn ältere Autofahrer ihre Fähigkeiten am Steuer falsch einschätzen. Viele gestehen sich nicht ein, dass sie nicht mehr so sicher fahren wie früher. Oder sie wollen nach langer Pause wieder mit dem Autofahren beginnen, weil der Partner gestorben ist. Dann fehlt jede Routine. Ich finde es absolut verständlich, dass viele Ältere nicht auf das Auto verzichten wollen oder können. Tatsache ist aber auch, dass sich im Alter oft Schwächen und Handicaps entwickeln. Das sollte man nicht verdrängen.

Welche Schwächen meinen Sie?

Im Alter lässt in der Regel die Sehkraft nach. Das kann man bis zu einem gewissen Punkt ausgleichen – allerdings muss man dazu am Steuer die richtige Brille tragen. Vielen Älteren ist zum Beispiel nicht bewusst, dass Gleitsichtgläser zum Autofahren ungeeignet sind. Ein weiteres großes Thema sind Medikamente, die die Fahrtüchtigkeit beeinträchtigen. Darüber hinaus sind viele Senioren unsicher bei Autobahnfahrten. Ihnen fehlt die Übung, weil sie oft seit Jahren nur noch kurze Strecken gefahren sind.

Sollten ältere Menschen den Führerschein lieber abgeben, wenn sie Schwächen bei sich bemerken?

Das ist nicht unser Ansatz. Der Seniorenrat bietet gemeinsam mit der Verkehrswacht Fahrsicherheitstrainings speziell für Ältere an.

Dabei gibt es theoretischen Unterricht zu geänderten Verkehrsregeln und eineinhalb Stunden praktisches Training. Am Ende bekommt jeder ein Feedback. Bei größeren Defiziten empfehlen wir zusätzlichen Unterricht in einer Fahrschule, um gezielt an den Schwächen zu arbeiten. Es geht uns also darum, dass die Teilnehmer die Sicherheit am Steuer zurückgewinnen.

Sie engagieren sich nicht nur für Autofahrer, sondern auch für Spaziergänger. Was hat es damit auf sich?

Wir haben im Stadtgebiet ein System von inzwischen 143 Notrufbänken aufgebaut, die der Rettungsdienst in Notsituationen so schnell wie möglich findet. Die Bänke befinden sich meist an Spazierwegen außerhalb der Ortschaften. Dort ist es bei einem Notruf oft schwierig, den genauen Aufenthaltsort zu beschreiben. Wer sich an einer Notfallbank befindet, muss dagegen nur die Zahl nennen, die gut sichtbar auf einem Schild an der Bank steht. Bei Rettungsdienst und Polizei sind die zugehörigen GPS-Daten hinterlegt, sodass die Helfer sofort wissen, wo sich die Person befindet. Die Anregung zu dem Projekt stammt aus Fredenbeck im Landkreis Stade.

Wie erfolgreich ist das System?

In den Orten kommt die Idee hervorragend an. Meist bezahlen die Ortsräte die Herstellung der Schilder. Ich kenne keine Zahlen, wie oft die Notfallbänke dem Rettungsdienst schon die Arbeit erleichtert haben. Aber wenn im Laufe der Jahre dadurch nur ein Leben gerettet wird, dann hat es sich gelohnt.

Was planen Sie als Nächstes?

Ich erfasse gerade die Orte, an denen hohe Bordsteine für Rollstuhlfahrer oder mit Rollator zum Problem werden. An vielen Kreuzungen, gerade in den Dörfern, sind die Bordsteine bis zu 20 Zentimeter hoch. Das kann natürlich nicht funktionieren. Auf meiner Liste stehen schon mehr als 50 problematische Orte, obwohl ich noch nicht einmal die Hälfte des Stadtgebiets erfasst habe. Mit der Bürgermeisterin habe ich bereits über die Situation gesprochen. Allerdings kostet es rund 3.000 bis 5.000 Euro, einen Bordstein abzusenken. Das heißt: Das Problem kann nur nach und nach gelöst werden.

Veröffentlicht: 30. September 2018

„Vielen Vereinen geht die Luft aus"

Lothar Dolle, Mitglied des Seniorenrats und des Ortsrats Rittierode, über Mobilität auf dem Dorf, Vereine in Not und die Zukunft des Gemeinschaftshauses.

Rund 230 Menschen sind in Rittierode zu Hause - eine überschaubare Größe. Wie hat sich das Leben über die Jahre verändert?

Ich beobachte leider, dass vielen Vereinen die Luft ausgeht, weil sich dort immer weniger Junge engagieren. Ich lebe seit rund 40 Jahren in Rittierode. Seitdem mussten der Karnevalsverein, die Kyffhäuser und der Gesangverein aufgeben. Der Tischtennisverein steht auf der Kippe, weil sich kein Vorsitzender findet. Der Großteil der Spieler ist um die 60. Jüngere Mitglieder unter 40 Jahren gibt es kaum.

Woran liegt das?

Das Interesse am gemeinschaftlichen Engagement ist bei den Jüngeren einfach geringer. Ein Grund ist sicherlich, dass etliche Berufstätige lange Arbeitswege haben. Teilweise fahren sie bis nach Hannover oder Kassel - das sind täglich drei Stunden auf der Straße. Da fehlt nach Feierabend die Energie, um sich noch in das Leben im Ort einzubringen.

Die Jungen sind mobil – wie steht es mit den Älteren?

Fortbewegungsmittel Nummer eins ist das Auto. Entweder man fährt selbst oder man lässt sich mitnehmen – zum Beispiel nach Einbeck zum Einkaufen. Diese Art von Nachbarschaftshilfe funktioniert bei uns noch. Erfreulicherweise haben sich auch die Anbindungen mit dem öffentlichen Nahverkehr verbessert – zumindest in Richtung Kreiensen und Bad Gandersheim. Die Verbindung nach Einbeck finde ich immer noch dürftig.

Angesichts des Einwohnerrückgangs hat die Diskussion über die Finanzierbarkeit der Dorfgemeinschaftshäuser begonnen. Wie steht es damit in Rittierode?

Da mache ich mir keine Sorgen. Unser Bürgerhaus haben wir vor 25 Jahren zu einem großen Teil in Eigenleistung gebaut. Dadurch haben wir viel Geld gespart. Die Hälfte der laufenden Kosten trägt die Dorfgemeinschaft über den Förderverein. Die andere Hälfte übernimmt die Stadt. Das ist vertraglich so vereinbart, weil die Feuerwehr das Gebäude als Gerätehaus nutzt.

Also eine stabile Lösung?

Ja. Zwar sinken auch beim Förderverein die Mitgliederzahlen. Aber der Kassenbestand reicht aus, um die Kosten für zehn weitere Jahre zu tragen. Das einzige Manko: Im Ernstfall hat die Feuerwehr Vorrang. Falls es brennt, müssen andere Nutzer des Gemeinschaftshauses zurückstehen. Im Notfall müssten sie eine Veranstaltung absagen. Allerdings ist das in 25 Jahren noch nicht vorgekommen …

Veröffentlicht: 7. Oktober 2018

„Die Pflegebranche braucht ein besseres Image"

Renatus Döring, Leiter der Berufsbildenden Schulen (BBS) in Einbeck, über sinkende Schülerzahlen, fehlende Lehrer und Probleme in der Altenpflegeausbildung.

Als weiterführende Schule stehen Sie im Wettbewerb um eine kleiner werdende Zahl von Schülern. Wie gehen Sie damit um?

Wir müssen exzellenten Unterricht bieten, um uns zu behaupten. Darum fragen wir unsere Schüler regelmäßig nach ihrer Meinung – wir wollen wissen, wie zufrieden sie bei uns sind. Auch jeder einzelne Lehrer bekommt einmal im Jahr ein Zeugnis von seiner Klasse. Wenn es irgendwo hakt, dann schaut die Schulleitung genauer hin, um die Probleme zu lösen. Darüber hinaus bemühen wir uns um ein Klima der Wertschätzung, in dem sich die Schüler wohlfühlen. Und: Wir legen Wert auf eine gute Schulsozialarbeit, die zum Beispiel bei Suchtproblemen oder Schwierigkeiten in der Familie hilft. Offenbar sind wir mit diesem Konzept recht erfolgreich. In den Schüler-Befragungen zeigt sich eine hohe Zufriedenheit. Auch bei unserer Bewerbung um den Deutschen Schulpreis 2017 haben wir hervorragend abgeschnitten.

Reicht das, um die Schülerzahlen stabil zu halten?

Wir haben gegenwärtig rund 1.250 Schüler. Das sind mehr als vor zehn Jahren, allerdings 50 weniger als im letzten Jahr. Der Grund liegt vor allem in den sinkenden Schülerzahlen in ganz Niedersachsen. Jahr für Jahr haben wir 3.500 Schüler weniger an den Berufsbildenden Schulen in Niedersachsen. Das entspricht einer großen BBS.

Wie geht es weiter?

In den nächsten fünf bis zehn Jahren müssen wir uns noch auf eher sinkende Schülerzahlen einstellen. Zuletzt gab es zwar bei den Geburten eine leichte Entwicklung nach oben, aber es dauert nun einmal 15 Jahre, bis diese Schüler zu uns kommen.

In einer alternden Gesellschaft müsste die Pflegeausbildung eigentlich boomen. Wie ist die Situation bei Ihnen?

Der Bedarf ist definitiv da. Die Pflegeeinrichtungen wären auch bereit, zusätzliche Praxis-Plätze bereitzustellen. Allerdings ist das Interesse auf Schülerseite eher zurückgegangen. Junge Menschen haben heute einfach auch viele andere Optionen. Deshalb bieten wir weiterhin nur eine Altenpflege-Klasse mit etwa 20 Schülern an.

Arbeitsplätze in der Pflege gelten als schlecht bezahlt – ist das der Hauptgrund für das geringe Interesse?

Das Argument betrifft eher die ausgebildeten Fachkräfte. Während der Ausbildung verdienen Pflegekräfte ordentlich – die meisten erhalten im ersten Ausbildungsjahr zwischen 700 und 800 Euro im Monat. Das ist im Vergleich zu anderen Branchen durchaus konkurrenzfähig. Wir stellen allerdings fest, dass die Ausbildungsqualität in den Einrichtungen zum Teil sehr unterschiedlich ist. Schlechte Rahmenbedingungen in einigen Einrichtungen führen zu einem verbesserungsbedürftigen Image der gesamten Branche.

Können Sie ein Beispiel nennen?

Wir erleben es gelegentlich, dass Schüler in der ambulanten Pflege im ersten Ausbildungsjahr allein zu den Pflegebedürftigen geschickt werden, sobald sie den Führerschein haben. Eine vernünftige Einarbeitung findet manchmal nicht statt. Eigentlich müssten die Schüler während ihrer Ausbildung mit einer Fachkraft unterwegs sein. Natürlich gibt es auch in der Pflege gute Arbeitgeber. Aber die Probleme sind nicht zu übersehen.

Was tun Sie, um den Schülern zu helfen?

In unserem Einzugsgebiet befinden sich rund 70 Pflegeeinrichtungen. Mit vielen davon sind wir im Gespräch. Wir machen ihnen klar, dass sie als Ausbildungsbetrieb eine Verpflichtung gegenüber ihren Schülern eingehen. Die Pflegebranche braucht definitiv ein besseres Image, wenn sie in Zukunft genügend Mitarbeiter finden will. Allerdings ist nicht nur der Nachwuchs knapp. Es mangelt auch an Lehrern für die Pflegeklassen. In Niedersachsen gibt es derzeit nur einen einzigen Studienort für Pflegewissenschaft – in Osnabrück. Wer dort seinen Abschluss macht, der zieht meist ins westliche Niedersachsen, nach Bremen oder Hamburg. Südniedersachsen haben die meisten Absolventen nicht auf dem Radar.

Wie geht es weiter mit der Pflegeausbildung?

Ab 2020 gibt es eine einheitliche Ausbildung für Altenpfleger, Krankenpfleger und Kinderkrankenpfleger. Befürworter sehen das als Chance, die Arbeit in der Altenpflege aufzuwerten. Allerdings könnte die Reform auch nach hinten losgehen, falls noch mehr Fachkräfte die Altenpflege verlassen, um in die vermeintlich attraktivere Krankenpflege zu wechseln. Welcher Effekt überwiegt, lässt sich heute noch nicht sagen.

Veröffentlicht: 14. Oktober 2018

Aktualisierung:

Nach Angaben der BBS besuchten 2020 insgesamt 23 Schülerinnen und Schüler die Klasse für Pflegefachkräfte (früher Altenpflege).

„Wir sollten um Neubürger aus Göttingen werben"

Beatrix Tappe-Rostalski (CDU), Ortsbürgermeisterin in Opperhausen, über die Rückkehr junger Eltern und das Immobilienangebot im Dorf.

Wie sehr leidet Opperhausen unter dem demografischen Wandel?

Der Blick auf die Fakten zeigt, dass auch wir stark betroffen sind. In meiner Kindheit lebten mehr als 900 Menschen in Opperhausen. Heute hat der Ort noch 720 Einwohner, davon gut 50 in Osterbruch. Die beiden Bäcker, das Schreibwarengeschäft, der Porzellanladen, die es früher gab, sind längst verschwunden. Trotzdem habe ich nicht das Gefühl, in einem schrumpfenden oder gar sterbenden Dorf zu leben. Opperhausen ist immer noch ein sehr lebendiger Ort.

Woran zeigt sich das?

Ganz wichtig sind die vielen aktiven Vereine und die Freiwillige Feuerwehr, die Veranstaltungen wie den Dorfputz, die Blutspende oder die Waldweihnacht auf die Beine stellen. Einen wichtigen Beitrag zum Ortsleben leistet außerdem der Kindergarten, den Eltern aus Opperhausen vor 45 Jahren im ehemaligen Schulgebäude gegründet haben. Jeder Opperhäuser über 80 Jahre bekommt von den Kindern einmal im Jahr ein Geburtstagsständchen. Inzwischen gibt es auch wieder einen Hofladen, der frische Lebensmittel verkauft.

Wo liegen die Probleme?

Wir haben nicht nur einen Mangel an Fachkräften, sondern auch einen Mangel an Ehrenamtlichen. Immer weniger Menschen sind bereit, Verantwortung zu tragen und Funktionen zu besetzen. Selbst im Sportverein mit rund 400 Mitgliedern fand sich vorübergehend niemand, der den Vorsitz übernehmen wollte. Bei vielen Jüngeren bleibt neben Familie, Beruf und Pendeln zur Arbeit kein Raum für ehrenamtlichen Einsatz. Außerdem gibt es Vorbehalte gegen die Verbindlichkeit und die festen Zeiten von Vereinen.

Wie steht es mit der Mobilität?

Die Nähe zur Autobahn und zum Bahnhof Kreiensen sind große Pluspunkte für Opperhausen. Leider wird der Busverkehr nicht so gut angenommen, obwohl es alle zwei Stunden eine Verbindung nach Kreiensen gibt. Oft fahren die Busse leer. Ich kann durchaus verstehen, dass es für ältere Menschen schwierig ist, mit Rollator in einen Bus zu kommen. Trotzdem sind die geringen Fahrgastzahlen gefährlich. Denn wenn ein Angebot nicht genutzt wird, dann verschwindet es.

Wie attraktiv ist Opperhausen für Zuzüge?

Das Interesse ist da. Zum einen beobachte ich einen Trend zur Rückkehr von Menschen, die sagen: Ich bin in Opperhausen aufgewachsen und nun möchte ich auch, dass meine Kinder dort groß werden. Zum anderen sehe ich gute Chancen, von der Nähe und der guten Verkehrsanbindung nach Göttingen zu profitieren. Dort sind Immobilien und Mieten extrem teuer. Wir sollten deshalb um Neubürger aus Göttingen werben.

Welche Hindernisse gibt es?

Zurzeit stehen bei uns nur zwei Häuser und ein Bauplatz zum Verkauf. Das reicht nicht. Darüber hinaus haben wir großen Nachholbedarf beim schnellen Internet. Das ist bei der Wahl des Wohnorts inzwischen ein wichtiger Faktor. In vielen Berufen ist schnelles Internet die Voraussetzung, um einen Teil der Arbeit von zu Hause erledigen zu können. Solche Homeoffice-Modelle sind zum Beispiel für junge Mütter attraktiv, die nach einer

Kinderphase in den Job zurückkehren. Auch viele Selbstständige sind auf eine leistungsfähige Internetverbindung angewiesen.

Welche Lösung sehen Sie?

Die Telekom hat den klaren Auftrag, bis Juni 2019 für eine flächendeckende Breitbandversorgung im Landkreis zu sorgen. Darauf warten wir dringend – bisher gab es aber noch nicht einmal den ersten Spatenstich. Wenn sich nicht sehr bald etwas tut, werden wir uns den Orten anschließen, die auf andere Anbieter wie das Göttinger Unternehmen Goetel setzen.

Wie wollen Sie das Immobilienangebot erhöhen? Bei sinkenden Einwohnerzahlen dürften große Neubaugebiete keine Option sein …

Das stimmt. Aber wenn ich durch den Ort gehe, dann sehe ich etliche Häuser, die nur noch von einem älteren Menschen bewohnt sind. Sofern keine Kinder da sind, müssen die Besitzer früher oder später einen Käufer finden. Solche Fälle sollten wir mit einer Abfrage erfassen, um anschließend Hausbesitzer und Interessenten zusammenzubringen. Natürlich soll jeder selbst entscheiden, wann und ob er sich von seinem Haus trennt. Es ist aber sinnvoll, sich frühzeitig Gedanken zu machen und die Dinge zu regeln.

Veröffentlicht: 20. Oktober 2018

„Viele Schüler hängen den Älteren an den Lippen"

Kathrin Düvel, Abteilungsleiterin für Sozialpädagogik, Pflege und Hauswirtschaft an den Berufsbildenden Schulen in Einbeck, über Begegnungen zwischen den Generationen.

Wie bereiten Sie Ihre Schüler auf das Arbeiten in einer alternden Gesellschaft vor?

Viele unserer Abschlüsse, etwa in der Pflege, zielen ganz direkt auf die Arbeit mit älteren oder hochbetagten Menschen. Gleichzeitig fördern wir in vielen Bereichen die Begegnung zwischen Jung und Alt.

Was tun Sie konkret?

Ein gutes Beispiel ist das Projekt „3000 Schritte", bei dem wir mit dem Lions-Club Einbeck zusammenarbeiten. Jeden Mittwoch unternehmen Schüler und Senioren einen Spaziergang durch die Stadt. Unsere Altenpflegeschüler aus dem zweiten Ausbildungsjahr planen die Routen. Neben der Bewegung geht es um das Gespräch. Viele Schüler hängen den Älteren regelrecht an den Lippen, wenn sie von ihren Erfahrungen erzählen. Das beobachten wir übrigens auch beim Mehr-Generationen-Brunch, den wir zusammen mit dem Roten Kreuz organisieren. Dabei laden die angehenden Pflegeassistenten regelmäßig Senioren und Kindergartengruppen in die Schule ein.

Was passiert außerhalb des Pflegebereichs?

Im Beruflichen Gymnasium Wirtschaft gibt es zum Beispiel das Projekt „Schüler schulen Senioren" in Zusammenarbeit mit dem Seniorenrat. Dabei zeigen die Zwölftklässler den Älteren einen Nachmittag lang, wie sie mit Computer, Internet und Smartphone umgehen. Bis zu 20 Senioren nehmen daran teil. Jeden Donnerstag treffen sich zudem die Flüchtlinge aus unserer

Sprachförderklasse mit Bewohnern des Pflegeheims Deinerlinde. Das steht unter dem Motto „miteinander leben". Obwohl es mit der Sprache manchmal noch hapert, haben sich die Generationen immer etwas zu sagen. Sie sprechen viel über ihre Fluchterfahrungen von heute und damals.

Was ist das Ziel solcher Projekte?

Wir wollen dazu beitragen, eine Brücke zwischen den Generationen zu bauen. Zugleich entsprechen die Projekte unserem Ansatz, möglichst viel handlungs- und projektorientierten Unterricht anzubieten. Außerhalb des Klassenzimmers sammeln die Schüler oft die prägendsten Eindrücke und Erfahrungen.

Veröffentlicht: 27. Oktober 2018

Aktualisierung:

Im Oktober 2020 gab es an der BBS keine Sprachförderklassen mehr. Das Projekt „Schüler schulen Senioren" musste aufgrund der Corona-Pandemie entfallen.

„Nicht alle Schulstandorte sind zu halten"

Beatrix Tappe-Rostalski (CDU), Schulausschuss-Vorsitzende im Einbecker Stadtrat und Ortsbürgermeisterin in Opperhausen, über Einschnitte im Bildungsangebot.

Bis 2030 werden die Schülerjahrgänge in Einbeck deutlich kleiner. Sind Schulschließungen damit unvermeidlich?

Ja, das sieht zum jetzigen Zeitpunkt leider so aus. Wir werden näher zusammenrücken und Kirchturmdenken überwinden müssen. Auf die Dauer werden angesichts des Einwohnerrückgangs nicht alle Standorte zu erhalten sein.

Welche Schulen sind in Gefahr?

Es ist kein Geheimnis, dass die Außenstelle Greene der Grundschule Kreiensen bereits kurz vor dem Aus stand. Wir konnten die Schließung nur vermeiden, weil rumänische Familien mit einer ausreichenden Zahl von Kindern in das Einzugsgebiet gezogen sind. Allerdings ist das keine Garantie, dass der Standort Greene auch in Zukunft bestehen bleibt. Es gab damals nach interfraktionellen Beratungen den Beschluss und in Folge eine Satzungsänderung, dass die Außenstelle Greene der Grundschule Kreiensen weitergeführt wird, soweit sich für den Jahrgang insgesamt eine Dreizügigkeit ergibt. Hier wird man sich die künftigen Schülerzahlen genau ansehen müssen.

Wie steht es mit den anderen Schulen im Stadtgebiet?

Die drei Grundschul-Standorte in der Kernstadt sind ungefährdet. Das gilt auch für die Grundschule Salzderhelden-Vogelbeck. Die Grundschule „Auf dem Berge" in Wenzen dagegen muss man angesichts sinkender Schülerzahlen im Auge behalten. Drüber stand bereits einmal zur Diskussion – aus heutiger Sicht droht dem Standort allerdings keine Gefahr. Auch die weiterführenden

Schulen im Stadtgebiet müssen derzeit keine Schließung fürchten.

Wann droht der Grundschule „Auf dem Berge" die Schließung?

Bis 2024 müssen alle Schulen barrierefrei sein. Die Umbaukosten erreichen leicht 200.000 bis 300.000 Euro pro Standort. Deshalb werden wir rechtzeitig entscheiden, bei welchen Schulen sich die Investition noch lohnt und bei welchen nicht. Dazu haben wir übrigens einen fraktionsübergreifenden Ausschuss gebildet, damit die Entscheidungen zum Erhalt oder zur Schließung von Schulen von allen Parteien getragen werden. Wir sind uns einig, dass unsere Grundschulen in den Dörfern solange erhalten bleiben, wie die Einzügigkeit gegeben ist.

Nicht nur die Schülerzahlen sinken — es fehlt auch an Lehrern. Wie ist die Lage in Einbeck?

Statistisch gesehen ist die Unterrichtsversorgung momentan gut. Trotzdem wird es immer schwieriger, Lehrerinnen und Lehrer zu finden, die dauerhaft in unserer strukturarmen und ländlich geprägten Region leben möchten.

Veröffentlicht: 4. November 2018

„Es fehlt die gemeinsame Vision, wie Einbeck aussehen soll"

Florian Geldmacher über Chancen und Grenzen der Neubürger-Werbung, Nachteile gegenüber Northeim und städtische Bauprojekte. Bis 2019 war Geldmacher Geschäftsführer der Einbeck Marketing GmbH.

Wie stehen Einbecks Chancen beim Werben um Neubürger?

Grundsätzlich gut – das kann ich aus eigener Erfahrung sagen. Als ich vor drei Jahren meine Aufgabe bei Einbeck Marketing übernommen habe, bin ich die ersten sechs Monate von Friedland aus gependelt. Ziemlich schnell haben wir uns dann aber entschieden, nach Einbeck zu ziehen und ein Haus zu kaufen. Wir schätzen das Angebot an Kindergärten und die Natur direkt vor der Tür. Gemessen an seiner Größe bietet Einbeck zudem ein recht internationales Umfeld mit Menschen aus unterschiedlichen Kulturen. Das liegt besonders an der KWS, die Mitarbeiter aus vielen Ländern rekrutiert.

Wo liegen die Schwächen?

Im Vergleich zu Northeim ist Einbeck bei der Autobahnanbindung klar im Nachteil. Auch der Weg zu den Kulturangeboten Göttingens ist weiter. Dafür haben sich vor Ort allerdings eigene Kulturangebote wie die Tangobrücke entwickelt, die diesen Nachteil teilweise ausgleichen. Ein weiterer Pluspunkt ist das starke Engagement der Bürger, das Initiativen wie die Sch(l)aufenster und Großveranstaltungen wie das Eulenfest ermöglicht – immerhin das größte Stadtfest der Region. Auch die Verkehrsanbindung wird sich deutlich verbessern, wenn wieder Züge vom Einbecker Bahnhof fahren.

Was halten Sie von der Idee, in Göttingen um Neubürger zu werben?

Einbeck Marketing ist bereits heute bei der PraxisBörse der Universität Göttingen vertreten, um die Studierenden auf Perspektiven in Einbecker Unternehmen aufmerksam zu machen. Ähnliches planen wir für Kassel. Allerdings stelle ich fest, dass es oft eine relativ hohe Hürde in den Köpfen gibt. Von Göttingen aus betrachtet scheint Einbeck weit weg zu sein – auch wenn es tatsächlich nur 40 Minuten Fahrt sind.

Also geben Sie der Neubürger-Werbung in Göttingen keine Chance?

In aller Regel braucht es für einen Umzug einen konkreten Anlass – oft ist das ein neuer Job. Nur wenige Menschen wechseln den Wohnort, weil ihnen eine Stadt so gut gefällt. Allerdings können wir die Rahmenbedingungen schaffen, damit die Mitarbeiter von Einbecker Unternehmen auch gern in Einbeck leben.

Welche Rahmenbedingungen meinen Sie?

Ein wichtiger Punkt ist die Gestaltung öffentlicher Räume – vom Neustädter Kirchplatz über den Marktplatz, die Tiedexer Straße bis zum Möncheplatz. Hier wurde viel geplant, aber wenig umgesetzt. Das muss sich ändern. Deshalb ist es jetzt beispielsweise auch sinnvoll, beim Neustädter Kirchplatz lieber stufenweise vorzugehen als auf einen großen Wurf zu warten.

Woran liegt es, dass viele städtische Bauprojekte in der Realisierung scheitern?

Die verbindende Aufbruchstimmung, die mit der Planung und Eröffnung des PS.Speichers da war, scheint verflogen zu sein. Heute fehlt die gemeinsame Vision, wie Einbeck in Zukunft aussehen soll. Wir brauchen von allen Gesellschaftsschichten, insbesondere den politischen Vertretern, gemeinsam gesetzte Ziele und klare Entscheidungen, welche Projekte in welchen Schritten umgesetzt werden sollen. Das 775-jährige Stadtjubiläum im Jahr 2027 könnte ein Anlass sein, so einen Plan aufzustellen.

Was muss noch geschehen?

Wir müssen das Angebot an modernem Wohnraum verbessern. Im Vergleich zu Northeim oder Alfeld ist die Auswahl an Mietwohnungen, Häusern und Baugrundstücken gering. Gleichzeitig stehen in der Innenstadt viele obere Etagen leer. Das hat sicherlich auch damit zu tun, dass die Modernisierung von denkmalgeschützten Fachwerkhäusern zuweilen eine teure Angelegenheit sein kann. Hier gilt es, die Chancen einer dauerhaften Nutzung gegenüber dem Erhalt der historischen Bausubstanz im Sinne der Nachhaltigkeit abzuwägen.

Einige Städte werben überregional offensiv um Neubürger. Ist das eine Chance für Einbeck?

Das ist eine Gemeinschaftsaufgabe für die Region. Deshalb präsentiert sich Südniedersachsen beispielsweise mit einem Gemeinschaftsauftritt bei der internationalen Auswanderermesse in Utrecht in den Niederlanden. Daran ist auch Einbeck beteiligt und wirbt mit dem Besten, was die Stadt zu bieten hat – dem Bier (lächelt). Auch beim Welcome Centre für Südniedersachsen arbeitet die Region gut zusammen, um internationalen Fach- und Führungskräften den Start zu erleichtern. In Northeim gibt es ein Regionalbüro des Welcome Centres, das für den gesamten Landkreis zuständig ist. Dort bekommen die Zuwanderer zum Beispiel Hilfe bei Anträgen und Behördengängen.

Veröffentlicht: 11. November 2018

„Mit Rollator kann man sich auf dem Marktplatz kaum fortbewegen"

Florian Geldmacher, bis 2019 Geschäftsführer der Einbeck Marketing GmbH, über Mängel bei der Barrierefreiheit und die Förderung des Unternehmertums.

Welche Branchen gewinnen durch den demografischen Wandel an Bedeutung?

Es ist kein Geheimnis, dass der Pflegesektor in den kommenden Jahren sicherlich stark wachsen wird, da die Zahl der Älteren und Hochbetagten kontinuierlich steigt. Ein Beispiel aus Einbeck ist der geplante Senioren-Wohnpark in der Kolberger Straße. In den vergangenen Jahren konnte man bereits die Expansion der Apotheken beobachten.

Was bedeutet die wachsende Zahl älterer Kunden für den Einzelhandel?

Selbstverständlich müssen sich die Geschäfte auf die Bedürfnisse der Senioren einstellen — beispielsweise mit barrierefreien Zugängen. Nach meiner Beobachtung geschieht das auch. Eine große Schwierigkeit für die Läden der Einbecker Innenstadt ist allerdings das Pflaster auf dem Marktplatz und in der Marktstraße. Mit einem Rollstuhl oder Rollator kann man sich dort kaum fortbewegen. Hier muss die Stadt dringend handeln. Übrigens ist der schlechte Zustand des Pflasters auch bei Großveranstaltungen ein Problem, weil sich die Bühnen nur mit viel Mühe austarieren lassen und sich der Boden nur schlecht reinigen lässt.

Gibt es genügend Nachfolger für ältere Unternehmer?

Nein, im Handwerk, in Hotels und in der Gastronomie wird zum Teil dringend gesucht. Auch für manches Industrieunternehmen ist kein Nachfolger in Sicht. Es geht aber nicht nur um bestehende Firmen. Es gibt durchaus auch Lücken im Angebot, die engagierte Unternehmer schließen könnten. Ein Hemmnis besteht darin, dass zeitgemäße Ladenflächen nur schwer zu finden oder zu entwickeln sind. Ein Fachwerkhaus bietet im Erdgeschoss typischerweise eine Verkaufsfläche von 200 bis 300 Quadratmetern. Standard sind aber eher 800 bis 1200 Quadratmeter, die sich bestmöglich von zwei Mitarbeitern überblicken lassen.

Sie werben für das Unternehmertum – welche Unterstützung gibt es dafür in Einbeck?

Am Möncheplatz haben wir vor zwei Jahren einen Co-Working-Space geschaffen, den Gründer und Selbstständige zu bezahlbaren Preisen nutzen können. Dort gibt es ausgestattete Arbeitsplätze, zeitgemäße Besprechungsräume und natürlich schnelles Internet. Mit einer Chipkarte haben die Nutzer rund um die Uhr Zugang. Gemeinsam mit der Wirtschaftsförderung der Stadt und des Landkreises sowie weiterer Kooperationspartnern wollen wir so die Gründerkultur in der Region voranbringen.

Wie wird der Co-Working-Space angenommen?

Aktuell nutzen zwei Gründer aus dem IT-Bereich den Co-Working-Space. Sie haben sich neben ihrem Hauptberuf selbstständig gemacht und wollen jetzt ohne großes Risiko ausprobieren, ob sich ihre Geschäftsidee bewährt. Darüber hinaus vermieten wir regelmäßig Räume an Firmen, die Seminare veranstalten. Gemeinsam mit den Kooperationspartnern bieten wir regelmäßig kostenfreie Gründer-Workshops zu verschiedenen Themen an.

Veröffentlicht: 17. November 2018

„Bei uns kauft man sich in ein umfängliches Konzept ein"

Andreas Weber von der Bremer Convivo-Gruppe über die neue Senioren-Wohnanlage in der Einbecker Südstadt und die Wachstumspläne des Unternehmens.

Welche Angebote für Senioren planen Sie?

In Einbeck entsteht an der Kolberger Straße ein Convivo-Park mit 87 Service-Wohnungen, zwei Wohngruppen mit 24 Plätzen und einer Tagespflege. Die Service-Wohnungen sind für Menschen gedacht, die selbstständig leben und nur bei Bedarf Dienstleistungen in Anspruch nehmen möchten. Die Wohngruppen eignen sich für Senioren mit Pflegebedarf, die in ihrem Alltag regelmäßig Unterstützung brauchen.

Oft sind Pflegeheime, Tagespflege und Seniorenwohnungen voneinander getrennt. Warum bieten Sie die Kombination an?

Viele Menschen treffen zwischen dem 60. und 70. Lebensjahr die Entscheidung, wie sie im Alter leben wollen: Soll ich mein Haus behalten, solange es geht? Ziehe ich in eine altengerechte Wohnung in der Nähe von Ärzten und Geschäften? Nach unserer Erfahrung ist es besser, mit dieser Entscheidung nicht zu lange zu warten, um die nachfolgende Lebensphase aktiv genießen zu können. Unsere Convivo-Parks sind deshalb als attraktives Angebot für fitte, aktive Senioren konzipiert. Wenn die Leistungsfähigkeit später nachlässt, können die Kunden problemlos Pflegeleistungen oder Hilfe im Haushalt in Anspruch nehmen – alles innerhalb des vertrauten Wohnquartiers. Hinzu kommt, dass wir in den Convivo-Parks das Pflegepersonal sehr effizient einsetzen können, gerade weil die verschiedenen Leistungen nicht getrennt sind. Das wirkt sich günstig auf die Preise aus.

Wie hoch wird die Miete in Ihren Einbecker Wohnungen sein?

Die Kaltmiete wird voraussichtlich bei 16 Euro pro Quadratmeter liegen. Hinzu kommen die Gebühren für Serviceleistungen in Höhe von 150 Euro. Kostenbeispiele sind individuell zu betrachten, je nach Pflegegrad und Umfang der pflegerischen und Haushalts-Services. Die Kosten im Convivo-Park, wenn alle Services in Anspruch genommen werden, liegen moderat über dem Niveau einer stationären Einrichtung. Bei uns haben Sie den Vorteil der Wohngarantie, egal welchen Pflegegrad Sie haben.

Für Einbecker Verhältnisse sind das stolze Preise – viele Wohnungen sind für sechs Euro pro Quadratmeter zu bekommen. Konzentrieren Sie sich auf wohlhabende Kunden?

Nein, wir wollen die Mitte der Gesellschaft ansprechen. Wer einfach nur eine Wohnung mieten möchte, der kann sie anderswo sicherlich günstiger bekommen. Bei uns kauft man sich in ein umfängliches Konzept ein – ähnlich wie in einer Genossenschaft. Das Versprechen ist: Wer bei uns einzieht, muss die eigenen vier Wände bis zum Lebensende nicht mehr verlassen. Das gilt auch bei hoher Pflegebedürftigkeit – abgesehen von einigen extremen Ausnahmefällen. Gerade für ältere Paare haben die Wohnparks viele Vorteile, weil sie hohe Flexibilität bieten. Auch wenn einer der Partner Betreuung benötigt, kann der andere weiterhin unabhängig bleiben.

Was genau meinen Sie?

Stellen Sie sich vor: Ein Partner ist fit und kann problemlos in der eigenen Wohnung leben. Der andere - oft ist es der Mann - wird pflegebedürftig und müsste unter normalen Umständen in ein Pflegeheim ziehen. In unseren Convivo-Parks kann das Paar gemeinsam in der eigenen Wohnung bleiben. Die Frau kann ihr Leben aktiv gestalten, während der Mann zum Beispiel die

Tagespflege in Anspruch nimmt – abends schläft er wieder im eigenen Bett. So vermeidet das Paar übrigens auch die doppelten Kosten für die Wohnung der Frau und den Platz im Pflegeheim.

Warum investieren Sie in Einbeck?

Oft ist es so, dass uns ein örtlicher Grundstückseigentümer eine Fläche zum Kauf anbietet. In Einbeck hat uns ein Sozialfonds als Partner für dieses Projekt angefragt. Wir starten dann eine Analyse zur Bevölkerungsentwicklung vor Ort und zur Konkurrenzsituation. Am Ende steht die Entscheidung, ob die Investition sinnvoll ist oder nicht.

Wie beeinflusst der demografische Wandel die Entwicklung Ihres Unternehmens?

Der Pflegemarkt wächst mit Steigerungsraten von durchschnittlich fünf Prozent pro Jahr. Der wichtigste Grund dafür ist natürlich die Alterung der Gesellschaft, die die Zahl der Pflegebedürftigen steigen lässt. Convivo befindet sich dadurch in einer Phase starken Wachstums. Bis zum Jahr 2025 wollen wir deutschlandweit 80 neue Wohnparks bauen. Vier Convivo-Parks sind in Betrieb, acht weitere sind bereits im Bau oder starten 2019. In den nächsten Jahren werden jährlich 10 bis 12 weitere Convivo-Parks folgen.

Veröffentlicht: 25. November 2018

„Manche Pflegeheime funktionieren fast wie eine Fabrik"

Andreas Weber, Convivo-Gruppe, über Ursachen und Ausmaß des Fachkräftemangels in der Pflege.

Die Pflegebranche wächst – doch es fehlt an Fachkräften. Wie dramatisch ist die Lage nach Ihrer Erfahrung?

Der Mangel ist groß und wird sich noch verschärfen. Allein die schrumpfenden Geburtenjahrgänge werfen ja die Frage auf, woher die benötigten Fachkräfte kommen sollen. Ein weiterer Grund für den Mangel ist allerdings hausgemacht: Es ist das schlechte Image der Pflegebranche in Deutschland.

Woher kommt das schlechte Ansehen?

Der Hauptgrund ist die fließbandartige Arbeitsweise in vielen Pflegeeinrichtungen: Ein Teil der Mitarbeiter kümmert sich um die schwere Pflege, zum Beispiel das Waschen und Anziehen der Bewohner. Eine andere Gruppe übernimmt dann die Tagesbetreuung und so weiter. Wir sehen also eine starke Strukturierung, manche Pflegeheime funktionieren fast wie eine Fabrik. Das führt dazu, dass viele Pflegekräfte nach wenigen Jahren resignieren und ausgebrannt sind.

Welche Rolle spielt die Bezahlung?

Das steht nach unserer Erfahrung nicht im Vordergrund. Bei uns kann eine Fachkraft nach drei Jahren Ausbildung gut 3.060 Euro brutto im Monat verdienen. Dann können noch eine Reihe von Zulagen dazu kommen wie Bereichsleitung, Schichtvergütungen etc. Das kann sich im Vergleich zu anderen Branchen sehen lassen.

Was tun Sie, um ausreichend Mitarbeiter zu gewinnen?

Zum einen bilden wir einen großen Teil unseres Nachwuchses selbst aus. Die Convivo-Gruppe beschäftigt derzeit rund 200 Auszubildende bei einer Gesamtzahl von etwa 3.700 Mitarbeitern. Darüber hinaus setzen wir auf ein ganzes Bündel an Maßnahmen, um unsere Attraktivität als Arbeitgeber zu erhöhen.

Zum Beispiel?

Wir setzen in unseren Convivo-Parks auf eine ganzheitliche Pflege, bei der Pflegetätigkeit und Alltagsbetreuung ausgewogen auf alle Beschäftigten verteilt sind. Das macht die Arbeit vielfältig und abwechslungsreich. Ein guter Indikator für die Zufriedenheit der Mitarbeiter ist der Krankenstand, der bei uns um 30 bis 40 Prozent niedriger ist als in anderen Pflege-Unternehmen. Darüber hinaus bieten wir allen Mitarbeitern individuelle Entwicklungschancen. Sie können entweder eine Laufbahn mit Managementaufgaben anstreben oder sich als Fachkraft weiterbilden, etwa in der Palliativpflege, Demenz etc.

Welche Rolle spielen Pflegekräfte aus dem Ausland?

Wir haben seit 2010 rund 200 Fachkräfte aus Bosnien eingestellt und sehr gute Erfahrungen gemacht. Viele von ihnen sind gut ausgebildet und motiviert. Sie haben eine hohe Affinität zu Deutschland, weil sie oder ihre Eltern während des Jugoslawien-Kriegs einige Jahre als Flüchtlinge bei uns gelebt hatten.

Wie viele Mitarbeiter werden Sie in Einbeck beschäftigen?

Wir suchen bis zu 24 Pflegefachkräfte. Hinzu kommen weitere Mitarbeiter wie beispielsweise Hausmeister bzw. Haustechniker, Servicekräfte etc. Insgesamt werden am Standort Einbeck rund 45 bis 50 Menschen arbeiten.

Veröffentlicht: 15. Dezember 2018

„Da habe ich gesagt: Wir müssen das Bad retten!"

Heinrich Langheim aus Kreiensen und Eberhard Völkel aus Greene über ihren Einsatz für den Erhalt des Greener Hallenbads. Ende 2018 wurden sie mit dem Einbecker Seniorenpreis ausgezeichnet.

Seit 25 Jahren schmeißen Sie ehrenamtlich das Greener Hallenbad. Wie kam es dazu?

Völkel: Seit Anfang der 70er-Jahre wurde das Hallenbad auf dem Gelände des Schulzentrums von der Gemeinde Kreiensen betrieben. Allerdings führte das immer wieder zu hohen Defiziten. Anfang der 90er-Jahre stand der Landkreis Northeim als Eigentümer des Gebäudes deshalb kurz davor, das Bad zu schließen.

Langheim: In dieser Situation haben wir uns im Herbst 1993 zufällig am Beckenrand getroffen. Wir waren beide regelmäßige Schwimmer und wollten gerade unsere Leistung für das Sportabzeichen absolvieren. Eberhard Völkel war damals Ortsbürgermeister in Greene. Ich kannte die Politik aus meiner Zeit als Ortsbürgermeister in Kreiensen. Da habe ich zu ihm gesagt: Wir müssen das Bad retten! Kurz darauf haben wir alle Vereine aus Kreiensen und Greene in eine Gaststätte eingeladen. Gemeinsam haben wir den Förderverein für das Hallenbad gegründet. Ich wurde zum Vorsitzenden gewählt und Eberhard Völkel zum Stellvertreter.

Wie gelang die Rettung?

Langheim: Ich war selbstständiger Zimmerermeister, Eberhard Völkel ist Tischlermeister. Darum haben wir von Anfang an gesagt: Das Schwimmbad muss wie eine Firma geführt werden. Bis dahin war alles auf Zuschüsse ausgerichtet. Wir jedoch wollten und mussten kostendeckend arbeiten. Deshalb haben wir nicht darauf gewartet, dass die Leute zu uns kamen. Wir sind aktiv auf die Schulen und Vereine zugegangen, um das Bad zu füllen. Damals haben wir damit Neuland betreten, denn Greene war das erste Schwimmbad in Niedersachsen, das nur von Bürgern betrieben wurde.

Völkel: Wir haben es geschafft, dass das Bad über die gesamte Woche gut genutzt wird. Von Montag bis Freitag starten wir jeden Morgen mit dem Frühschwimmen. Anschließend kommen viele Gruppen aus Schulen, Kursen und Vereinen, sodass bis 21 Uhr kaum eine Lücke entsteht. Am Samstag und Sonntag ist das Bad für jedermann geöffnet. Wer möchte, kann das Hallenbad auch für eine private Veranstaltung mieten. Allerdings sollte man sich rechtzeitig melden, denn freie Termine sind knapp.

Wie viele Besucher nutzen das Bad?

Völkel: Rund 12.000 im Jahr – davon 4.000 über die Schulen. In jeder Saison lernen etwa 60 Kinder im Greener Hallenbad schwimmen, viele besuchen anschließend noch die Aufbaukurse. Um die Zahlen einzuordnen, muss man wissen, dass wir nur von Anfang Oktober bis Ende März geöffnet haben. In der wärmeren Jahreszeit bleibt das Bad geschlossen – denn das ist schließlich die Zeit der Freibäder.

Langheim: Für uns ist der Sommer zugleich die Zeit für Instandhaltung und größere Reparaturen. Seit 1993 haben wir mehr als 120.000 Euro in das Bad investiert – beispielsweise in eine neue Lüftungs- und in eine neue Wasserenthärtungsanlage. Viele Arbeiten erledigen die Mitglieder des Fördervereins in Eigenleistung, um die Kosten zu senken.

Wie finanzieren Sie den laufenden Betrieb?

Langheim: Wir schaffen nur das an, was wir wirklich brauchen – und wir haben dafür gesorgt, dass die Personalkosten im Rahmen bleiben. Unter der Woche stellen die Schulen und Vereine die Übungsleiter, wenn sie das Bad nutzen. Nur am Wochenende bezahlen wir eine Badeaufsicht von der DLRG. Auf diese Weise kommen wir gut über die Runden. Wir mieten das Schwimmbad-Gebäude jedes Jahr für einen symbolischen Betrag vom Landkreis Northeim. Zuschüsse bekommen wir nicht.

Völkel: Unsere Haupteinnahmen sind: Mitgliedsbeiträge, der Verein hat rund 500 Mitglieder, Gebühren für das Schulschwimmen, Einnahmen aus Wassergymnastik sowie Schwimmkursen für Erwachsene und Kinder. Qualifizierte Übungsleiter dafür stellt der Förderverein. Weitere Einnahmen haben wir aus der Schwimmhallennutzung durch Vereine und Verbände sowie Privatpersonen. Davon finanzieren wir den laufenden Betrieb und sämtliche Betriebskosten.

Wie viel Zeit investieren Sie für das Hallenbad?

Langheim: Ich schätze, dass ich im Durchschnitt vier Stunden pro Tag für den Förderverein unterwegs bin. Heute zum Beispiel war ich bereits dreimal im Hallenbad.

Völkel: Bei mir ist es etwas weniger. Vieles kann ich zu Hause an meinem Schreibtisch erledigen. Wir haben uns die Aufgaben so aufgeteilt, dass ich mich vor allem um die Büroarbeit kümmere und Heinrich Langheim um die Technik.

Was motiviert Sie?

Völkel: Wenn ich durch Einbeck gehe, dann grüßen mich die jungen Frauen (schmunzelt). Das sind die Mütter der Kinder, die bei uns in Greene das Schwimmen gelernt haben. Die Arbeit für das Hallenbad macht mir einfach Spaß – und sie hält mich jung.

Langheim: Eine große Motivation ist der Erfolg. Wenn wir mit dem Hallenbad nicht so erfolgreich wären, dann hätten wir die Arbeit sicherlich schon längst eingestellt. Aber wir haben die Dinge zum Laufen gebracht – das ist ein gutes Gefühl.

Veröffentlicht: 12. Januar 2019

„Es wird Zeit, dass ein Jüngerer übernimmt"

Heinrich Langheim und Eberhard Völkel, Förderverein Hallenbad Greene, über die schwierige Suche nach Nachfolgern.

Vor Kurzem wurden Sie für Ihre Arbeit mit dem Einbecker Seniorenpreis geehrt. Warum wollen Sie Ihre Aufgaben abgeben?

Völkel: Mein 86. Geburtstag steht bevor. Da wird es einfach Zeit, dass ein Jüngerer meine Aufgabe als stellvertretender Vorsitzender übernimmt. Wenn mein Nachfolger es wünscht, dann stehe ich ihm oder ihr gern noch für eine gewisse Zeit zur Seite. Aber bei der nächsten Vorstandswahl 2020 möchte ich nicht mehr antreten.

Langheim: Ich sage nicht, dass mir der Abschied leicht fallen würde. Diese Erfahrung habe ich bereits einmal gemacht, als ich meinen Zimmereibetrieb an meinen Sohn übergeben habe. Trotzdem muss es sein. Ich möchte den Vorsitz nicht einfach hinschmeißen, sondern das Schwimmbad geordnet übergeben. Die gewonnene Zeit würde ich gerne für Bootstouren mit meiner Frau nutzen.

Warum ist es so schwierig, Nachfolger zu finden?

Langheim: Wir wüssten durchaus einige Kandidaten, die den Verein gut führen könnten. Oft stehen bei den Betreffenden aber andere Interessen im Vordergrund. Einer zum Beispiel hat sich vor Kurzem ein Wohnmobil gekauft und möchte viel unterwegs sein – das verträgt sich nicht mit der Verpflichtung für das Hallenbad. Andere möchten lieber ausschlafen, als ein Ehrenamt zu übernehmen.

Völkel: In den letzten 25 Jahren haben sich viele Aufgaben auf uns beide konzentriert. Wir hatten damit kein Problem – aber es ist auch klar, dass die hohe Belastung manchen möglichen Nachfolger abschreckt. Wir haben deshalb damit begonnen, die Verantwortung auf zusätzliche Schultern zu verteilen. Zum Beispiel muss es nicht so sein, dass der Vorsitzende zugleich der erste Ansprechpartner für Technikfragen ist. Und der Stellvertreter könnte in Zukunft durch den Jugendwart entlastet werden. Wir müssen dafür sorgen, dass die Belastung für den Einzelnen im Rahmen bleibt.

Mit dem demografischen Wandel wächst die Zahl der fitten Ruheständler. Sind das die Nachwuchs-Ehrenamtlichen von morgen?

Völkel: Ja, das sind genau die Kandidaten, die wir brauchen. Sicherlich will nicht jeder ein Ehrenamt übernehmen, sobald er in Rente ist. Nach 40 Berufsjahren voller Verpflichtungen und Termine möchte mancher auch einfach die Freiheit genießen. Das ist verständlich. Trotzdem sind die 60- oder 65-Jährigen besonders geeignet, um zum Beispiel eine Aufgabe in unserem Förderverein zu übernehmen. Im Ruhestand ist das besser zu bewältigen als nach einem langen Arbeitstag.

Langheim: Meine Erfahrung ist: Wer ohnehin schon ein Ehrenamt hat, bekommt meist noch weitere dazu. Am besten wäre es, wenn wir noch in diesem Jahr einen Nachfolger für Eberhard Völkel finden würden. Dann kann sich derjenige einarbeiten und mir anschließend gern einen Tritt in den Hintern geben. Das Schwimmbad läuft prima. Wir brauchen nur jemanden, der in unsere Fußstapfen tritt.

Veröffentlicht: 20. Januar 2019

Aktualisierung:

Nach längerer Suche ist im Förderverein Hallenbad Greene eine Nachfolge-Lösung für Eberhard Völkel in Sicht. Bei der anstehenden Jahreshauptversammlung möchte Völkel deshalb nicht mehr kandidieren (Stand: November 2020).

„Der Leerstand in den Ortschaften wird zunehmen"

Antje Sölter (CDU) und Dirk Heitmüller (SPD) über neue Wohnformen auf dem Dorf und Herausforderungen des Landlebens. Sölter ist stellvertretende Bürgermeisterin der Stadt Einbeck sowie Ortsbürgermeisterin in Vardeilsen und Avendshausen. Heitmüller ist Mitglied im Stadtrat und Ortsbürgermeister in Salzderhelden.

In der jüngsten Ratssitzung haben Sie sich einen Schlagabtausch zur Leerstandserhebung geliefert. Warum?

Heitmüller: Mich hat geärgert, dass wir die Entscheidung ohne Diskussion in den Ortsräten getroffen haben. Gerade beim Leerstandskataster finde ich es wichtig, dass die Leute mitgenommen werden. Natürlich sind die Unterlagen für den Stadtrat öffentlich, sodass sich jeder informieren kann. Aber nicht jedes Ortsratsmitglied schaut in das Ratsinformationssystem. Davon abgesehen hätte eine Beteiligung der Ortsräte zu besseren Ergebnissen geführt, weil Fehler rechtzeitig vor dem Ratsbeschluss aufgefallen wären. So haben wir die Leerstandserhebung mit falschen Zahlen verabschiedet, die nun nachträglich korrigiert werden müssen.

Sölter: Ich kann die Klage nicht mehr hören, dass die Orte angeblich abgehängt werden. Aus meiner Sicht sind die Ortsräte gut eingebunden. Allerdings ist das auch eine Frage von Hol- und Bringschuld. Ich bin niemand, der zu Hause sitzt und darauf wartet, dass die Verwaltung bei mir klingelt. Man kann da auch von sich aus nachfragen. Und ich habe die Erfahrung gemacht, dass man aus dem Rathaus gute Informationen bekommt.

Im Kern geht es um die Grundsatzfrage, wie Einbeck mit Leerstand bei gleichzeitigem Bevölkerungsschwund umgeht.

Was ändert es, wenn einige Leerstände oder Baulücken falsch erfasst wurden?

Heitmüller: Es geht nicht um kleine Abweichungen, sondern um gravierende Fehler. In Salzderhelden waren ursprünglich 15 Baulücken vermerkt, tatsächlich sind darunter aber nur sehr wenige verfügbare Bauplätze. Zum Beispiel wurden einige große Gärten als Baugrundstücke gewertet. Tatsächlich haben die Besitzer aber überhaupt keine Absicht, die Flächen zu verkaufen. Inzwischen sind diese Fehler korrigiert. Aber ich möchte grundsätzlich nicht, dass solche Diskussionen an den Ortsräten vorbeigehen.

Sölter: Ich finde, in erster Linie ist es unsere Aufgabe als gewählte Ratsmitglieder, uns mit diesen Fragen zu beschäftigen. Dass man anschließend die Öffentlichkeit oder die Ortsräte informiert, steht auf einem anderen Blatt. Deshalb frage ich mich: Geht es hier um die Sache oder darum, noch einmal gegen die Verwaltung zu schießen?

Unabhängig von den Zahlen scheint Leerstand in Einbeck und den Ortschaften ein wachsendes Problem zu sein ...

Heitmüller: Für die Kernstadt mag das gelten, für die Ortschaften würde ich es so nicht sagen. In Salzderhelden sehe ich zwei oder drei leer stehende Häuser – bei 1.800 Einwohnern ist das nicht viel.

Sölter: Da stimme ich zu. Ein großes Leerstandsproblem sehe ich auch in Vardeilsen und Avendshausen nicht.

Heitmüller: In zehn Jahren kann das natürlich anders aussehen. In diesem Zeitraum wird der Leerstand in den Ortschaften wahrscheinlich zunehmen. Ein Problem sehe ich zum Beispiel bei den großen Bauernhäusern mit Stall auf uns zukommen. Früher haben in solchen Gebäuden drei Generationen gewohnt – heute ist es manchmal nur noch die Oma. Die Frage ist: Was kommt danach? Wer will so ein Objekt kaufen? Im alten Ortskern von Salzderhelden gibt es etliche dieser Häuser.

Sölter: Möglicherweise müssen wir in den Dörfern an neue Konzepte denken – beispielsweise Mehrgenerationenwohnen. Das Problem ist: Dazu brauchen wir Investoren. Ich befürchte auch, dass wir in den Dörfern in zehn Jahren mehr Leerstand haben als heute. Andererseits sehe ich einen gegenläufigen Trend. Viele Jugendliche gehen zwar weg zum Studieren. Aber man kann nicht mehr pauschal sagen, dass sie nicht wiederkommen. Diese Zeiten sind vorbei. Nicht alle wollen in die Großstadt. Viele wissen auch das Leben auf dem Land zu schätzen.

Heitmüller: Wir müssen flexibler werden in unserem Denken. Nehmen wir an, eine ältere Person wohnt allein in einem großen Haus. Warum kann man da nicht sagen: Ich verkaufe meine Immobilie an eine Familie und behalte ein lebenslanges Wohnrecht? Wenn man sich einig ist, können die Alten auf die Kinder aufpassen und die Eltern gehen beide arbeiten. Im Gegenzug achtet die Familie darauf, dass die älteren Mitbewohner gut versorgt sind.

Sölter: Das ist genau, was ich meine. Allerdings befürchte ich, dass das mit der jetzigen Senioren-Generation schwierig wird. Etliche leben schon so lange allein, dass sie so eine Umstellung nicht mehr möchten. Aber es sollte unser Ziel sein, die Leute darauf hinzuweisen, dass es andere Formen des Zusammenlebens gibt. In einer halben Generation sind wir vielleicht einen Schritt weiter.

Sie sagen: Es gibt einen Trend zur Rückkehr aufs Land – aber es gibt auch viele Probleme. Was kann die Politik tun, um das Leben auf dem Dorf attraktiv zu machen?

Sölter: Ein wichtiges Thema ist die Infrastruktur – ganz besonders das Internet. Für Leute, die zu Hause arbeiten, ist das entscheidend. Solange man ewig vor dem Computer sitzt und auf eine Datenübertragung wartet, ist das Leben auf dem Dorf sicherlich nicht attraktiv.

Kennen Sie Beispiele?

Sölter: In Avendshausen lebt ein Familienvater, der bei einem Verlag in Süddeutschland beschäftigt ist und viel im Homeoffice arbeitet. Er wollte den Ort mit seiner Familie auf keinen Fall verlassen, deshalb musste er sich auf eigene Kosten um eine bessere Internetverbindung kümmern. Der Mann schimpft Mord und Brand – und das kann ich verstehen. Auch ein großer Landwirt hat Probleme, weil er seine Buchführung und andere Geschäftsprozesse online abwickelt. In Avendshausen ist die Internetverbindung so schlecht, dass man keinen Urlaub online buchen kann. Schon gar nicht sonntags, wenn die Kinder vielleicht auch noch Netflix gucken wollen.

Heimüller: Ich kenne eine Familie, die nach einer beruflichen Station in Hamburg in unsere Gegend zurückkehren wollte. Ursprünglich kommt sie aus Sülbeck und wäre auch gern dorthin zurückgegangen. Der Mann arbeitet jedoch in der IT-Branche und ist auf schnelles Internet angewiesen – das war in Sülbeck einfach nicht gegeben. Aus diesem Grund hat sich die Familie für Salzderhelden entschieden, wo wir zumindest einigermaßen gut versorgt sind.

Woran hapert es in den Ortsteilen noch?

Heitmüller: Der Denkmalschutz müsste den Mut haben, den Hausbesitzern mehr entgegenzukommen. Mein Vorschlag: Wir schaffen Modelldörfer, in denen wir den historischen Zustand so gut wie möglich erhalten. Und anderswo bekommen die Eigentümer dafür mehr Freiheiten und können auch mal etwas wegreißen. Das wäre besser, als den Denkmalschutz überall ein bisschen zu fördern. In Salzderhelden haben wir aktuell zwei leer stehende Häuser, bei denen dringend etwas passieren müsste. Die Besitzer können sie nicht mehr vermieten und auch nicht zu bezahlbaren Kosten sanieren. Das Ergebnis: Solche Häuser bleiben stehen, bis sie zusammenfallen - und dann muss oft die Kommune in Vorleistung gehen.

Sölter: Das ist ein berechtigter Punkt. Es kann nicht sein, dass das Dach eines alten Hauses bei der Sanierung mit Original-Ziegeln belegt werden muss. Das kann sich niemand leisten. Um etwas zu erreichen, müssen wir uns aber zumindest im Stadtrat einig sein. Dann könnten wir zum Beispiel eine gemeinsame Petition beschließen, in der wir fordern, das Denkmalschutzrecht in bestimmten Punkten zu lockern. Sicherlich ist es auch sinnvoll, mit dem neuen Bauamtsleiter über den Denkmalschutz zu sprechen.

Fakt ist: Die Bevölkerung schrumpft und Großstädte bleiben für viele attraktiv. Wie realistisch ist die Hoffnung, den Leerstand in den Dörfern zu begrenzen?

Sölter: Natürlich ist das auch ein Wunsch. Aber das Leben auf dem Dorf bietet tatsächlich viele Vorteile. Wenn ich möchte, dann kann ich hier in aller Abgeschiedenheit leben. Oder ich bin in die Nachbarschaft eingebunden und dadurch nicht so anonym wie in einer Großstadt.

Heitmüller: Entscheidend sind die harten Standortfaktoren. Wenn ich keinen Job habe, dann nützt es mir nichts, dass ich in Salzderhelden oder Avendshausen wunderschön leben kann. Ich muss im Bereich Hannover – Göttingen – Kassel eine Arbeit finden.

Veröffentlicht: 1. Februar 2019

Aktualisierung:

Nach Auskunft von Ortsbürgermeisterin Antje Sölter hat Avendshausen inzwischen einen verbesserten Internetanschluss über ein staatliches Ausbauprogramm erhalten. Zudem zählt das Dorf zu den rund 20 Einbecker Ortschaften, die ein Privatunternehmen mit dem Aufbau eines Glasfasernetzes beauftragt haben.

„Wir brauchen Wohnraum in der Innenstadt – gerade für die Älteren"

Die Ratsmitglieder Dirk Heitmüller (SPD) und Antje Sölter (CDU) über den Leerstand in Einbecks Kernstadt und die Ausweisung von Neubaugebieten.

Einbecks Innenstadt leidet unter Leerstand. Was ist zu tun?

Sölter: Das größte Problem ist der Leerstand in den Geschäftshäusern. Das hat auch damit zu tun, dass viele Eigentümer die Mieten sehr hoch ansetzen. Ich kann das nicht nachvollziehen: Warum lasse ich ein Gebäude lieber leer stehen, statt einem Gründer zu einer geringeren Miete eine Chance zu geben? Leider kann die Politik da nicht viel tun, denn wir können niemandem die Miete vorschreiben.

Gibt es einen Ausweg?

Sölter: In vielen Fällen führt die Wirtschaftsförderung bereits Gespräche mit den Eigentümern. Aber versuchen Sie mal, einem 80-Jährigen zu erklären, warum er sein Haus billiger vermieten soll. Das ist nicht einfach. Wir müssten versuchen, egoistisches Denken zu überwinden. Aber ich habe dafür kein Patentrezept. Eine Alternative zur geschäftlichen Nutzung wäre, heutige Geschäftsräume zu Wohnungen umzubauen. Wir brauchen Wohnraum in der Innenstadt – gerade für die Älteren, die ihr Haus am Stadtrand verkaufen.

Heitmüller: Die Gebäude sind teilweise im Besitz einer Generation, die nicht mehr bereit ist zu investieren. Wer nimmt mit 75 oder 80 Jahren noch einen Kredit von 50.000 oder 100.000 Euro auf? Das kann vielleicht die nächste Generation machen und sagen: Ich habe hier eine Immobilie, mit der muss dringend etwas geschehen. Deshalb investiere ich.

Welche Rolle kann die Stadt beim Leerstandsmanagement spielen?

Sölter: Wie gesagt: Die Wirtschaftsförderung führt schon heute Gespräche mit Eigentümern. Das ist sicherlich richtig, um die Leute über Fördermöglichkeiten zu informieren.

Heitmüller: Wenn man das intensiv betreiben will, braucht man mehr Personal – ein bis zwei zusätzliche Stellen wären sinnvoll. Dann könnte man wirklich auf die Leute zugehen und sagen: Ich habe hier ein vielversprechendes Start-up, das Geschäftsräume sucht. Finden wir eine Lösung?

Wie viele Neubaugebiete verträgt eine Stadt, deren Einwohnerzahl kontinuierlich schrumpft?

Sölter: Ich bin sicher, dass wir neue Bauplätze schnell verkaufen könnten. Es gibt genügend Interessenten - deshalb sollten wir auch neue Flächen ausweisen. Zugleich stellt sich allerdings die Frage: Warum wollen alle im Neubaugebiet in Einbeck wohnen? In Kohnsen zum Beispiel haben wir noch fünf oder sechs erschlossene Bauplätze. Von dort sind Sie mit dem Fahrrad schneller in Einbeck als vom Weinberg.

Heitmüller: Die Nachfrage ist da. Es wird immer Leute geben, die sagen: Ich möchte einen kleinen Garten haben, ich möchte Rasen mähen, ich möchte genug Platz haben, um meinen Grill aufzubauen. Auf der anderen Seite müssen wir aber auch dafür sorgen, dass das Zentrum nicht leerfällt.

Wie sieht beim Ausweisen von Neubaugebieten ein fairer Kompromiss zwischen Kernstadt und Orten aus?

Heitmüller: Das lässt sich nicht pauschal beantworten. In Salzderhelden zum Beispiel wüsste ich nicht, wo man noch ein Neubaugebiet ausweisen sollte. Dassensen spielt gelegentlich mit dem Gedanken, zusätzliche Bauplätze zu schaffen. Rittierode wiederum ist besonders für Reiter attraktiv. Dort gibt es einige freie Flächen, die aber nicht zur Verfügung stehen, weil die Besitzer sie nicht verkaufen wollen. Das hat auch mit einem Versäumnis der Stadt zu tun. Wir hätten von Anfang an vorschreiben sollen, dass bestimmte Grundstücke innerhalb einer vorgegebenen Frist bebaut sein müssen.

Sölter: Ich sehe da ein allgemeines Problem. Unsere Vorgänger in der Kommunalpolitik haben zum Teil sehr kurzfristig gedacht. Viele Gebäude wurden vor 40 Jahren gebaut, aber dann wurde nicht mehr investiert. Jetzt fällt uns das vor die Füße.

Wo sehen Sie solche Versäumnisse?

Sölter: Ein gutes Beispiel ist das Schwimmbad in der Geschwister-Scholl-Schule. Oder auch das Oberstufengebäude der Goetheschule, für das inzwischen der Landkreis zuständig ist.

Heitmüller: Auch die Toiletten der Grundschule in Vogelbeck sind in einem katastrophalen Zustand. Eigentlich müssten wir die dringend sanieren. Die Frage ist allerdings: Muss das noch sein? Jetzt muss ich aufpassen, was ich sage …

Es ist kein Geheimnis, dass angesichts sinkender Schülerzahlen Grundschulstandorte vor dem Aus stehen. Zuerst dürfte es Greene treffen, dann Wenzen …

Heitmüller: Das sind natürlich heilige Kühe. Als Politiker muss man sich erst einmal trauen, eine Schule zu schließen. Ich habe damals gegen Salzderhelden und für Vogelbeck als Standort der Grundschule gestimmt, weil es in Vogelbeck das bessere Gebäude gibt. Es hat mir nicht geschadet.

Noch einmal zurück zu den Baugebieten. Die Leerstandserhebung legt nahe, dass erst die Leerstände geschlossen werden müssen, bevor neue Baugebiete ausgewiesen werden. Ist das das richtige Prinzip?

Heitmüller: Sicherlich müssen wir uns bei der Ausweisung von Neubaugebieten mit dem Leerstand auseinandersetzen. Die Frage ist: Wie teuer wäre es, Hausbesitzer beim Umbau bestehender Gebäude zu unterstützen? Der Verkauf von Bauland spült in der Regel Geld in die Stadtkasse und ist damit immer noch die einfachste Art, Wohnraum zu schaffen.

Sölter: Wenn man es so betrachtet, müssten wir eigentlich kräftig Baugebiete ausweisen. Aber ist das nachhaltig? Wir können es uns nicht wünschen, dass wir an den Rändern schöne Baugebiete haben und in der Innenstadt wohnt niemand mehr. Deshalb brauchen wir Fördermittel, die es attraktiver machen, sich in der Innenstadt ein Haus zu kaufen. Mit guter Beratung durch die Verwaltung. Allerdings sind wir da auf Unterstützung von oben angewiesen, denn als Kommune sind wir das kleinste Glied in der Kette.

Veröffentlicht: 9. Februar 2019

„Ohne zusätzliche Mitarbeiter müssen wir immer mehr Aufträge ablehnen"

Mark-Oliver Müller, Geschäftsführer der Digitalagentur Alto, über die schwierige Suche nach Verstärkung, selbstbestimmtes Arbeiten und Personalrekrutierung im Ausland.

Wie sieht die Personalsituation bei Alto aus?

Wir haben 18 Mitarbeiter und 5 offene Stellen – fast ein Viertel unserer Jobs sind also unbesetzt. Wir suchen dringend Verstärkung im Screendesign, in der Webentwicklung sowie im Vertrieb. Außerdem würden wir gern einen Auszubildenden zum Fachinformatiker einstellen. Leider finden wir bislang keine geeigneten Kandidaten. Und ohne zusätzliche Mitarbeiter müssen wir in Zukunft leider immer mehr Aufträge ablehnen. Das ist mehr als unbefriedigend.

Geht es anderen Unternehmen auch so oder liegt es an Ihnen?

Das habe ich mich natürlich auch gefragt. Ich habe festgestellt: Der Fachkräftemangel ist inzwischen Alltag in vielen Branchen – vom Handwerk bis zu den Dienstleistungen. Er trifft nicht nur Einbeck oder Northeim, sondern zum Beispiel auch Unternehmen aus Göttingen, die es früher leicht hatten, gute Leute zu finden. Auch große Arbeitgeber sind betroffen.

Woher kommt das Problem?

Zum einen hat es mit der schrumpfenden Bevölkerung zu tun – die Jahrgänge der Schulabgänger und Uniabsolventen werden kleiner, sodass uns weniger Nachwuchs zur Verfügung steht. Zum anderen liegt es an der mangelnden Anziehungskraft unserer Region. Selbst Göttingen wirkt auf viele Kandidaten zu klein und provinziell. In der Informatik kommt hinzu, dass ein sinkendes Angebot auf eine riesige Nachfrage trifft. Viele Studenten werden deshalb schon vor ihrem Abschluss von großen Konzernen angeworben.

Was tun Sie, um trotzdem Personal zu gewinnen?

Wir haben ein System eingeführt, das unseren Mitarbeitern eine optimale Work-Life-Balance ermöglicht. Vereinfacht gesagt: Bei uns kann jeder selbst entscheiden, wann er arbeitet, wo er arbeitet und wie viel er arbeitet.

Das müssen Sie erklären ...

Unsere Mitarbeiter bestimmen selbst, ob sie ins Büro kommen oder von zu Hause arbeiten. Es stört uns auch nicht, wenn jemand lieber abends als tagsüber arbeitet. Wir achten nur darauf, dass jeder an mindestens drei bis vier Tagen pro Monat in der Agentur präsent ist, denn ganz ohne persönlichen Kontakt verliert man sich früher oder später aus den Augen. Alle sechs Monate kann außerdem jeder Mitarbeiter seine individuelle Wochenarbeitszeit für das kommende halbe Jahr festlegen – zwischen 15 und 48 Stunden. Und zuletzt entscheidet jeder Mitarbeiter eigenverantwortlich, wie viele Urlaubstage er für angemessen hält.

Wie ist Ihre Erfahrung damit?

Die großen Freiheiten kommen natürlich gut an. Allerdings haben wir auch festgestellt, dass nicht jeder Mensch für die Arbeit von zu Hause geschaffen ist. Dort kann es nämlich sehr einsam sein, da hilft auf Dauer auch kein Videostream ins Büro. Kommt dann noch eine weite Entfernung zwischen Agentur und Wohnort hinzu, tritt leicht eine Entfremdung ein. Wir haben das mit einem hoch qualifizierten Mitarbeiter erlebt, der aus privaten Gründen nach Düsseldorf umgezogen ist. Ein Jahr hat er noch im Homeoffice für uns gearbeitet, dann wurde es ihm dort zu einsam und er hat gekündigt. Sehr bedauerlich.

Welchen Ausweg aus dem Personalmangel sehen Sie?

Eine Möglichkeit ist sicherlich die Mitarbeitersuche im Ausland – allerdings ist auch das nicht einfach. In Osteuropa zum Beispiel gibt es durchaus geeignete IT-Spezialisten. Aber auch diese Leute sind gefragt und haben oft viele Angebote. Im Zweifel entscheiden sie sich dann eher für Hamburg als für Einbeck. Ein weiterer Weg ist die Zusammenarbeit mit regionalen Hochschulen, um frühzeitig mit geeigneten Kandidaten in Kontakt zu kommen. In letzter Konsequenz muss man gegebenenfalls irgendwann über einen zusätzlichen Standort in einem Ballungsgebiet nachdenken.

Veröffentlicht: 24. Februar 2019

„Wir müssen die Nähe zu Göttingen und Hannover stärker nach außen tragen"

Mark-Oliver Müller, Digitalagentur Alto, über die Konkurrenz zwischen Stadt und Land. 2015 wurde Müller vom Landkreis Northeim zum Botschafter der Region ernannt.

Was ist so schlimm an Einbeck, dass viele Unternehmen ihre Stellen nicht besetzen können?

Zum einen hat Einbeck objektive Schwächen, die Bewerber von außerhalb abschrecken. Ich denke an das fehlende Nachtleben und das Kulturangebot, das stark auf Senioren ausgerichtet ist. Zum anderen ist es die gefühlte Entfernung vom „echten Leben", die uns bei der Personalsuche zu schaffen macht. Wenn jemand zum Beispiel aus Hamburg kommt und von der Autobahn abfährt, dann denkt er, er ist im Nirgendwo. Tatsächlich braucht man nur 20 Minuten bis Göttingen und eine knappe Stunde nach Hannover. Aber das nimmt man so nicht wahr.

Wie lässt sich das ändern?

Wir müssen die Nähe zu Göttingen und Hannover in unserer Kommunikation viel stärker nach außen tragen. Wenn ich in Hamburg lebe und ins Kino will, dann bin ich schließlich auch 30 oder 40 Minuten unterwegs.

Mit welchen Stärken kann die Region werben?

Mit ihren günstigen Immobilienpreisen, der Nähe zur Natur, dem entspannteren Leben. In Berlin zum Beispiel ist immer etwas los, die Stadt ist immer in Bewegung. Aber irgendwann muss es doch auch einmal dunkel werden. Bei uns kann ich aktiv sein – ich kann aber auch die Tür hinter mir zumachen und dann ist Ruhe.

Sehen Sie Möglichkeiten, mit diesen Argumenten neue Einwohner zu gewinnen?

Ja, mit Einschränkungen. Generell ist es so: Wer einmal gegangen ist, zum Beispiel zum Studium, den bekommen wir nur schwer zurück. Eine Chance sehe ich bei jungen Familien, die die Nähe zu den Großeltern und die Sicherheit auf dem Land schätzen. Der Vorteil für junge Eltern: Bei uns können sie ihre Kinder auf der Straße spielen lassen. Und sie können sich ein Einfamilienhaus leisten statt einer 50-Quadratmeter-Wohnung in München. Aber es ist nur ein kleines Zeitfenster, in dem man diese Menschen für einen Umzug begeistern kann.

Insgesamt also eher düstere Aussichten ...

Ich sehe große Risiken, ja. Zum Beispiel befürchte ich, dass in einigen Orten bald ganze Straßenzüge abgewickelt werden müssen. Die Besitzer sind alt, ihre Kinder haben ihr Leben anderswo. In Einbeck lassen sich solche Häuser noch am besten verkaufen, aber auf den Dörfern sieht die Nachfrage nicht rosig aus. Vermutlich erleben wir bald einen Preisverfall bei vielen Immobilien. Verschärft wird das Problem möglicherweise noch, wenn größere Unternehmen Arbeitsplätze verlagern, zum Beispiel nach Berlin.

Wie lässt sich gegensteuern?

Wir müssen mehr an die Interessen der Menschen denken, die wir zu uns holen wollen. Positive Beispiele sind die neuen Bahnverbindungen und der Nachtbus nach Göttingen. Meine Beobachtung ist, dass wir uns zu sehr auf diejenigen konzentrieren, die ohnehin schon hier leben. Für diese Menschen veranstalten wir Volksmusikkonzerte und planen neue Fußwege, aber das bringt uns nicht weiter. Wir reden viel über unsere schönen alten Fachwerkhäuser, aber das macht uns nicht modern. Wir machen es uns heimelig, aber wir denken nicht an die Zukunft.

Veröffentlicht: 3. März 2019

„Viele Familien kommen mit einem Einkommen nicht über die Runden"

Lene Garus-Jochumsen, Leiterin des Einbecker Familien-Servicebüros, über die Situation von Eltern und Kindern.

Wie familienfreundlich ist Einbeck?

Ich finde, wir stehen ganz gut da. Die meisten Arbeitgeber sind recht flexibel und nehmen Rücksicht auf Mitarbeiter mit Kindern. Für die Freizeit gibt es etliche Orte, an denen Mädchen und Jungen eine schöne Zeit verbringen können, ohne etwas zu bezahlen. Ich denke an den Stadtwald und viele Spielplätze. Auch eine Anlaufstelle wie das Kinder- und Familien-Büro ist nicht selbstverständlich. Immerhin gibt es uns schon seit mehr als zehn Jahren.

Wo liegen die Probleme?

Wir haben einen Mangel an Krippenplätzen. Einbeck erfüllt zwar die gesetzliche Quote von 35 Prozent, aber der Bedarf ist deutlich höher, obwohl die Stadt inzwischen über sechs Krippen verfügt.

Warum ist die Nachfrage so hoch?

Viele Familien kommen mit einem Einkommen nicht über die Runden. Ein Grund dafür sind die Mietkosten, die auch bei uns spürbar gestiegen sind. Die Folge ist, dass viele Mütter schnell wieder arbeiten möchten, sobald das Elterngeld ausgelaufen ist. Betreuungsbedarf entsteht außerdem in vielen Flüchtlings-familien, wenn die Mütter ihren Deutschkurs beginnen.

Kitas mit Öffnungszeiten am Abend sucht man in Einbeck vergeblich. Wie kommen berufstätige Eltern damit zurecht?

Nach meiner Erfahrung reichen die Öffnungszeiten aus. Sicherlich gibt es auch andere Fälle – zum Beispiel, wenn Eltern im Krankenhaus im 24-Stunden-Dienst arbeiten. Das sind jedoch Ausnahmen. Für eine 24-Stunden-Kita ist Einbeck wahrscheinlich auch zu klein.

Wie groß ist das Problem der Kinderarmut?

Das ist leider auch in Einbeck ein Thema. Viele Familien nutzen das Bildungs- und Teilhabepaket nicht, obwohl es ihnen zusteht. Damit könnten sie zum Beispiel Zuschüsse zu Klassenfahrten, für Nachhilfeunterricht oder zu den Mitgliedsbeiträgen von Sportvereinen bekommen. Oft ist die Scham jedoch so groß, dass die Eltern keinen Antrag stellen oder sie kennen die Möglichkeiten nicht.

Veröffentlicht: 15. März 2019

„Wir brauchen Geschäfte, in denen Kinder selbstständig einkaufen können"

Lene Garus-Jochumsen, Familien-Servicebüro, über ihre Arbeit, Beteiligungsmöglichkeiten für junge Einbecker und die Probleme von Flüchtlingsfamilien.

Was sind die häufigsten Sorgen, mit denen Eltern zu Ihnen ins Familienbüro kommen?

Wir sind Ansprechpartner für ganz unterschiedliche Themen. Wir helfen bei Anträgen für Kindergeld oder Elterngeld, informieren über Sportangebote oder beraten bei Erziehungsproblemen. Außerdem vermitteln wir den Kontakt zu vielen weiteren Ansprechpartnern in unserem Netzwerk – von der Familienberatungsstelle bis zum Jugendamt. Genau das ist die Idee des Kinder- und Familien-Servicebüros: Wir wollen eine niedrigschwellige Anlaufstelle sein, an die man sich ohne Scheu wendet.

Wer sind die Menschen, die bei Ihnen Unterstützung suchen?

Auch das ist bunt gemischt. Zum Teil sind es ausländische Familien, die die Antragsformulare deutscher Behörden nicht verstehen. Es kommen aber auch junge Eltern, die mit der Trotzphase ihres ersten Kindes überfordert sind. Oder junge Mütter, die sich nach einer Trennung fragen, wie sie als Alleinerziehende zurechtkommen sollen. Einen Schwerpunkt haben wir mit dem Mobilo-Projekt bei kurdischen Familien gesetzt. Zweimal pro Woche bieten wir im Wohngebiet rund um die Kapellenstraße eine Hausaufgabenbetreuung an. Das ist für viele Kinder aus Zuwanderer-Familien besonders wichtig, weil die Eltern ihnen bei den Schularbeiten nicht helfen können.

Durch den Seniorenrat sind die älteren Einbecker sehr präsent und gut vertreten. Kommen die Interessen der Kinder zu kurz?

Diesen Eindruck habe ich nicht. Vor Kurzem erst haben sich viele Grundschüler bei einem Projekt der Stadtjugendpflege mit Demokratie und Politik in Einbeck beschäftigt. Dabei konnten sie Ratsmitgliedern ihre Fragen stellen und Wünsche äußern. Ein anderes Beispiel für die Beteiligung von Kindern ist der Bau des Abenteuerspielplatzes auf der Kühner Höhe. Auch dabei haben Mädchen und Jungen mitgestaltet.

Was wünschen Sie sich im Interesse der Familien für Einbeck?

Ich würde mich freuen, wenn die Familien die vielen kostenlosen Angebote und Veranstaltungen in unserer Stadt noch besser nutzen würden. Außerdem ist es wichtig, dass die Innenstadt lebendig bleibt. Wir brauchen Geschäfte, in denen Kinder selbstständig oder mit ihren Eltern einkaufen können. Falls jemand ein eigenes Angebot für Kinder und Familien organisieren möchte, stellen wir übrigens gern unsere Räume zur Verfügung – auch außerhalb der Öffnungszeiten des Familienbüros.

Veröffentlicht: 23. März 2019

„Wir fordern bedarfsgerechte Öffnungszeiten"

René Kopka (SPD), Mitglied des Stadtrats, über Stärken und Schwächen der Kinderbetreuung sowie Handlungsmöglichkeiten in Zeiten leerer Kassen. Kopka ist Vorsitzender des Ausschusses für Jugend, Familie und Soziales.

Einbeck sieht sich gern als familienfreundliche Stadt. Wie gut ist die Lage tatsächlich?

Ich denke, dass Eltern und Kinder gut bei uns leben können. Wir haben kurze Wege, das Stadion, das Schwimmbad, eine engagierte Jugendarbeit und gute Schulen. Bei den Spielplätzen haben wir vor einiger Zeit entschieden, das knappe Geld auf Schwerpunkte wie den Abenteuerspielplatz auf der Kühner Höhe zu konzentrieren. Kleine, unattraktive Anlagen haben wir dafür aufgegeben. Das war eine sinnvolle Entscheidung.

Bleiben wir bei den kleinen Kindern. Fachleute berichten, dass es an Krippenplätzen mangelt. Ist das familienfreundlich?

Nein. Wir haben das Problem vor Kurzem im Familien-Ausschuss zum Thema gemacht und erfahren, dass tatsächlich 116 Kinder auf der Warteliste für einen Krippenplatz stehen. Darauf müssen wir reagieren – gegebenenfalls mit zusätzlichen Kapazitäten. Allerdings sind vorher noch einige Fakten zu klären.

Welche Fakten?

Die Verwaltung hat uns mitgeteilt, dass viele Eltern auf einen Platz in einer ganz bestimmten Einrichtung warten. Nach meiner Kenntnis sind vor allem die Münster-Minis und die Krippen in der Wagnerstraße beliebt. Aber wir dürfen die vielfältigen Ortschaften auch nicht vergessen. Außerdem geht die Verwaltung davon aus, dass nicht allen Eltern die Gebührenpflicht für Krippenplätze bewusst ist – es ist also durchaus möglich, dass noch einige Interessenten abspringen. Aus meiner Sicht muss die Verwaltung zunächst ermitteln, wie hoch die Nachfrage tatsächlich ist und wo es noch freie Kapazitäten gibt. Dann muss die Politik entscheiden, ob und wo wir weitere Plätze brauchen.

Vor Kurzem stand die neue Strategie für den Sozialbereich auf der Tagesordnung des Rats. Darin steht: Viele Kitas bieten nur vier Stunden Betreuung – nötig wären aber acht. Was muss geschehen?

Wir fordern schon seit Langem bedarfsgerechte Öffnungszeiten – und wir wollen, dass sich dieses Ziel im Haushalt 2020 widerspiegelt. Allerdings dürfen wir auch nicht aus dem Blick verlieren, wie wenig Geld zu verteilen ist. Deshalb sollten wir erst die Eltern nach ihren genauen Wünschen fragen und dann entsprechend reagieren. Grundsätzlich finde ich, dass die Kinderbetreuung in Einbeck im Vergleich zu anderen Städten recht gut funktioniert – auch wenn es in einigen Punkten Verbesserungsbedarf gibt.

Bessere Kinderbetreuung und leere Kassen – wie bringt man das zusammen?

Ein gutes Beispiel für eine kreative Lösung ist das Wissensquartier, das die Kindertagesstätte Münstermauer, die Stadtbücherei, das Archiv und das Stadtmuseum bündeln soll. Durch dieses Konzept haben wir die Chance auf Fördermittel, die die neuen Kita-Räume erst bezahlbar machen. Wenn Einbeck attraktiv sein soll, dann brauchen wir ein gutes Umfeld für Familien. Das geht aber nur mit kreativen Ideen für die Finanzierung.

Veröffentlicht: 22. April 2019

„Die Multifunktionshalle wird ein Aushängeschild"

René Kopka (SPD) über Angebote für Jugendliche und Mobilität auf dem Land.

Was tut Einbeck für die Jugendlichen?

Mit dem Bau der Multifunktionshalle haben wir ein mutiges Projekt angeschoben. Die Halle wird so eingerichtet, dass sie sich für viele verschiedene Angebote eignet: Für Konzerte, für Funsport, auch einen Boxring wird es geben. Damit wird die Multifunktionshalle ein Aushängeschild für Einbeck. Eine Baustelle haben wir noch bei der Finanzierung des Inventars, das mit 290.000 Euro veranschlagt ist. Die Haushaltsmittel reichen dafür nicht aus. Ich sehe aber gute Chancen, das über Spenden und Fördergeld hinzubekommen.

Die Stadt bündelt ihre Jugend-Angebote am Kohnser Weg. Manche sagen: Die Jugendlichen werden vor die Tore der Stadt verfrachtet. Ist die Kritik berechtigt?

Als das Haus der Jugend umgezogen ist, haben wir uns viele Standorte angesehen. Ich bin überzeugt, dass wir uns für die beste Lösung entschieden haben. In Zukunft werden wir das Haus der Jugend, das Jugendgästehaus und die neue Multifunktionshalle in unmittelbarer Nähe haben. Das ist ein großer Vorteil des Standorts. Das Gelände befindet sich zwar am Stadtrand, trotzdem ist der Weg in die Innenstadt nicht viel weiter als vorher. Und: Am Kohnser Weg kann man auch mal laute Musik machen, ohne dass es jemanden stört.

Den Jugendlichen in den Dörfern wird die neue Halle in Einbeck nicht viel nutzen ...

Für die Ortschaften ist ein Fahrdienst zu bestimmten Anlässen im Gespräch – allerdings gibt es dazu noch keine Entscheidung.

Insgesamt ist die Mobilität sicherlich ein großes Thema für die Jugendlichen. Ich denke, dass wir hier mit den neuen Zugverbindungen nach Göttingen und den Nachtbussen am Wochenende wichtige Fortschritte erreicht haben. Verbesserungsbedarf sehe ich beim Busverkehr. Beispielsweise brauchen wir eine Bushaltestelle in der Nähe von Schwimmbad und Stadion.

Die Einbecker Senioren vertreten ihre Interessen mit viel Engagement. Kommen die Jugendlichen dabei zu kurz?

Das sehe ich nicht so. Gerade der Seniorenrat setzt sich für viele Belange ein, die auch den Jüngeren nutzen. Zudem erleben wir gerade, dass sich die Jugendlichen durchaus Gehör verschaffen können. Das beste Beispiel sind ihre Demonstrationen für den Klimaschutz. Auch bei lokalen Projekten wie der Gestaltung des Abenteuerspielplatzes wurden die jungen Einbecker einbezogen. Das heißt nicht, dass es nichts zu verbessern gibt. Ich könnte mir zum Beispiel gut vorstellen, einen Jugendbeirat nach Northeimer Vorbild zu schaffen. Die IGS hat schon signalisiert, dass sie das unterstützen würde.

Veröffentlicht: 2. Mai 2019

Aktualisierung:

Nach einem Beschluss des Jugendausschusses ist die Wahl eines Einbecker Jugendparlaments für 2021 geplant.

„Ich warne vor Neubaugebieten in den kleinen Orten"

Joachim Mertens, Baudirektor der Stadt Einbeck, über neue Wohngebiete und langfristige Unterhaltungskosten.

Gerade hat der Stadtrat grünes Licht für weitere Bauplätze am Weinberg gegeben. Wie viel Neubau verträgt Einbeck angesichts sinkender Einwohnerzahlen?

Das Projekt am Weinberg ist sinnvoll – dort geht es um die überschaubare Zahl von 16 neuen Baugrundstücken in der Kernstadt. Grundsätzlich sollten wir aber zurückhaltend sein mit der Ausweisung neuer Flächen, um uns nicht langfristig weitere Leerstandsprobleme einzuhandeln. Wir sollten nur dort Baugebiete ausweisen, wo auch die notwendige Infrastruktur vorhanden ist.

Welche Bedingungen sollten erfüllt sein?

Wichtige Kriterien sind eine funktionierende ärztliche Versorgung und Einkaufsmöglichkeiten vor Ort. Das ist in der Kernstadt, in Kreiensen und mit Abstrichen in Greene gegeben.

Sind die übrigen Orte nicht abgeschnitten von der Entwicklung, wenn dort keine Neubaugebiete mehr möglich sind?

Nein. Selbstverständlich sollen sich auch die Dörfer entwickeln können – auf vorhandenen Flächen und durch das Schließen von Baulücken. Aber ich warne vor Neubaugebieten in den kleinen Orten. Das ist heute verlockend und bringt Einnahmen. In 30 Jahren aber stehen wir vor großen Problemen. Wer heute ein Haus baut, ist dann im Rentenalter. Die Kinder werden in vielen Fällen anderswo leben – es droht Leerstand. Hinzu kommen die Kosten für die Unterhaltung der Infrastruktur: Straßen und Kanäle, die wir heute bauen, müssen in rund 30 Jahren saniert werden.

Über welche Größenordnung reden wir bei den Sanierungskosten?

Das ist für eine Straße oder ein Baugebiet nicht pauschal zu beziffern. Insgesamt gibt die Stadt in diesem Jahr rund 830.000 Euro für die Erhaltung von Straßen, Wegen und Plätzen aus.

Bei der Vorstellung der Leerstandserhebung gab es scharfe Kritik, weil nicht alle erfassten Baulücken tatsächlich für Bauwillige zur Verfügung stehen. Ist das inzwischen bereinigt?

Es wird nicht möglich sein, jeden Einzelfall noch einmal zu prüfen. Das ist aber auch nicht das Entscheidende, denn es geht nicht um einzelne Bauplätze, sondern um das Gesamtbild. Und die Gesamtbilanz sagt: Es gibt genügend Baulücken, die Interessenten nutzen können.

Wie geht es mit den Bauflächen in der Kernstadt weiter?

Nach dem Weinberg folgt das Areal am Deinerlindenweg – dort soll es ebenfalls Wohnnutzung in Form von Einfamilien- und Mehrfamilienhäusern geben. Noch in diesem Jahr sollen die alten Gebäude und die Bepflanzung verschwinden. Wenn der Bebauungsplan steht, könnte 2020/2021 die Erschließung und Vermarktung beginnen.

Veröffentlicht: 28. Juni 2019

„Wir sagen nur Nein, wenn es unvermeidlich ist"

Baudirektor Joachim Mertens über den Sanierungsstau im Fachwerk und den Einfluss von Denkmalschutz-Auflagen.

In Einbecks Fachwerkhäusern herrscht hoher Leerstand. Macht der Denkmalschutz Investitionen zu teuer?

Nein, das ist nicht das Problem. Meine zuständigen Mitarbeiter aus dem Denkmalschutz sind immer daran interessiert, gemeinsam mit dem Eigentümer zu einer Lösung zu kommen – denn wir möchten, dass die alten Gebäude genutzt werden. Wir sagen nur dann Nein, wenn es unvermeidlich ist. Das gilt zum Beispiel bei Kunststofffenstern in alten Fachwerkhäusern oder wenn ein historisches Gebäude komplett entkernt werden soll.

Wenn es nicht am Denkmalschutz liegt - was ist dann der Grund für den Leerstand?

Leerstand ist kein spezielles Problem in Einbeck, sondern weit verbreitet in kleinen Städten. Ein wichtiger Grund ist, dass so viele junge Menschen wegziehen – zum Beispiel an die Hochschulstandorte. Als zweiten großen Faktor sehe ich den Sanierungsstau im Fachwerk. Etliche Eigentümer haben über längere Zeit nicht ausreichend investiert, sodass sich die Kosten einer Instandsetzung immer höher aufgetürmt haben. In solchen Fällen scheuen oft auch die Erben vor den hohen Investitionen zurück und nehmen lieber Leerstand in Kauf.

Was kann Einbeck dagegen tun?

Eine wichtige Initiative sind die Sch(l)aufenster. Die dekorierten Auslagen haben schon in verschiedenen Fällen dazu beigetragen, dass in leer stehenden Räumen wieder ein Geschäft eröffnet hat. Ein neues Konzept ist aus dem Fachwerk-Fünfeck entstanden: Gemeinsam mit den Partnern hat die Stadt vor Kurzem

Fördermittel für einen Quartiersmanager beantragt, der sich um die Innenstädte von Einbeck, Northeim, Duderstadt, Hann. Münden und Osterode kümmern soll. Wir sind zuversichtlich, dass wir die Fördermittel bekommen.

Was genau soll der Quartiersmanager tun?

Das kann von Stadt zu Stadt unterschiedlich sein. In Einbeck wird es darum gehen, mit den Besitzern leer stehender Innenstadt-Immobilien ins Gespräch zu kommen. Bei Interesse soll der Quartiersmanager eine Erstberatung durch einen Architekten vermitteln, der eine grobe Schätzung des Investitionsbedarfs liefert. Auch über Fördermöglichkeiten könnte der Quartiersmanager informieren. Was viele Eigentümer nicht wissen: In großen Teilen der Innenstadt sind Zuschüsse für die Instandhaltung von Fachwerkhäusern möglich.

Welche Voraussetzungen müssen erfüllt sein?

Vereinfacht gesagt gibt es zwei Bedingungen. Erstens: Das Haus muss sich im Sanierungsgebiet Neustadt - Möncheplatz befinden. Zweitens: Eine Förderung kann es nur für sogenannte nicht rentierliche Investitionen geben. Das sind Ausgaben, die der Besitzer nicht über höhere Einnahmen zurückbekommt – etwa in Form einer höheren Miete.

Müssten die Stadt und die kommunalen Unternehmen nicht selbst mehr tun, um leer stehende Häuser in der Innenstadt zu nutzen?

Ich gebe zu: Da ist Luft nach oben. Auch deshalb ist geplant, dass der Quartiersmanager sein Einbecker Büro direkt in der Innenstadt einrichten soll.

Veröffentlicht: 9. Juli 2019

„Viele Senioren können früher oder später kein Auto mehr fahren"

Markus Menge, Mobilitätsmanager beim Zweckverband Verkehrsverbund Südniedersachsen (ZVSN), über die Bedeutung des Nahverkehrs und das Problem schwindender Schülerzahlen.

Die alternde und schrumpfende Bevölkerung stellt die Betreiber des öffentlichen Nahverkehrs vor neue Herausforderungen. „Bislang war der Schülerverkehr die wichtigste Säule für den ÖPNV. Mit dem Rückgang der Schülerzahlen bröckelt diese Säule", sagt Markus Menge, Mobilitätsmanager beim Zweckverband Verkehrsverbund Südniedersachsen (ZVSN). „Gleichzeitig werten wir das Angebot für Pendler und Besucher unserer Region deutlich auf."

Nicht überall, aber vor allem in vielen kleinen Orten sind Schulen in ihrer Existenz bedroht – damit könnten auch die entsprechenden Busverbindungen in Gefahr geraten. Eine weitere Schwierigkeit für die Organisatoren des Nahverkehrs: „Senioren haben ganz andere Ansprüche an den ÖPNV als Schüler: Sie wollen dann fahren, wenn sie zum Arzt oder zum Einkaufen müssen. Das lässt sich wesentlich schwerer planen als die Beförderung zur Schule und zurück", sagt Menge.

Gerade auf den Dörfern seien viele Senioren seit Jahrzehnten an das eigene Fahrzeug gewöhnt, so der Mobilitätsmanager. Dementsprechend schwer fällt der Verzicht, wenn die Fahrtüchtigkeit schwindet. „Viele Senioren können früher oder später kein Auto mehr fahren – sei es aus körperlichen oder finanziellen Gründen. Wir brauchen Alternativen, damit die Älteren mobil bleiben", sagt Menge.

Voraussichtlich im Oktober startet ein neues Angebot für Senioren, die nicht mehr Auto fahren können. „Wer seinen

Führerschein abgibt, bekommt vom Verkehrsverbund Südniedersachsen (VSN) eine Netzkarte. Sie gilt für ein halbes Jahr in den Landkreisen Northeim, Göttingen und Holzminden", sagt Menge.

Gerade viele Ältere haben beim Umstieg auf Bus oder Bahn auch praktische Probleme zu lösen: Der Fahrkartenkauf am Automaten ist oft fremd, Fahrpläne sind teils schwer verständlich oder schlecht zu lesen. „Wir bemühen uns, Hürden abzubauen, indem wir verständlich über die Angebote des Nahverkehrs informieren", sagt Menge. Vor besonderen Schwierigkeiten stehen Menschen mit körperlichen Einschränkungen: Die gesetzlichen Vorgaben schreiben eine Barrierefreiheit bis 2022 vor. „In den beiden Landkreisen Göttingen und Northeim liegen wir bereits bei weit über 70 Prozent, das ist landesweit gesehen spitze", so Menge.

Veröffentlicht: 6. August 2019

Aktualisierung:

Bis Oktober 2020 hatten nach Angaben des ZVSN rund 560 Seniorinnen und Senioren das Angebot für den „Sichere-Fahrt-Schein" angenommen. Sie nutzen nach Abgabe des Führerscheins für ein halbes Jahr eine kostenlose Netzkarte für öffentliche Verkehrsmittel.

„Wir unterstützen die freiwilligen Initiativen"

Markus Menge, ZVSN, über alternative Mobilitätsangebote und die rechtlichen Hürden für ehrenamtliche Projekte.

Ob Mitfahrerbank, Dorf- oder Bürgerbus: In immer mehr Orten engagieren sich Bürger, um auch bei schrumpfender Bevölkerung die Mobilität auf dem Land zu erhalten. „Wir unterstützen die freiwilligen Initiativen. Aber wir empfehlen, sich frühzeitig von uns beraten zu lassen. Es ist bitter, wenn lange geplant wurde und das Projekt dann an rechtlichen Vorgaben scheitert", sagt Markus Menge, Mobilitätsmanager beim Zweckverband Verkehrsverbund Südniedersachsen (ZVSN).

Beispiel Bürgerbus: Wer ein solches Projekt startet, muss den Betrieb mindestens sieben Jahre aufrechterhalten, sich an feste Haltestellen und einen festen Fahrplan halten. Hinzu kommen unter anderem Regeln für die Preisgestaltung und das Zusammenspiel mit dem herkömmlichen ÖPNV. „Unser Ziel ist, eine sinnvolle Vernetzung zu schaffen. Im Zentrum steht weiterhin der klassische Busverkehr – er wird aber ergänzt durch flexible Angebote oder lokale Projekte wie Bürger- bzw. Dorfbus oder aber dem klassischen Anrufsammeltaxi (AST)", sagt Menge.

Zu den neuen Mobilitätsangeboten in Südniedersachsen könnten künftig auch Bike- und Car-Sharing mit Elektrofahrzeugen zählen. Das Vorhaben gehört zu einem europäischen Verkehrsprojekt mit dem Namen „MOVE", an dem unter anderem der Landkreis Northeim, die Universität Göttingen und der ZVSN beteiligt sind. „Das E-Bike-Sharing zielt vor allem auf Studenten ab, die in Göttingen kaum noch günstigen Wohnraum finden. Mit dem passenden Mobilitätsangebot wollen wir dazu beitragen, Northeim als Wohnort attraktiv zu machen", erläutert Menge.

Bevor es losgehen kann, müssen allerdings die Ausschreibungen für E-Bike-Sharing und E-Carsharing über die Bühne gehen. Form und Größe der Angebote seien daher noch offen, sagt Menge. „Derzeit suchen wir Ankernutzer, die beispielsweise eines der Autos für feste Zeiten buchen."

Veröffentlicht: 17. August 2019

Aktualisierung:

Nach einem Bericht der Einbecker Morgenpost ist das Northeimer Pilotprojekt zum E-Carsharing im Januar 2021 gestartet. Statt auf E-Bike-Sharing setzt der ZVSN mittlerweile auf konventionelles Bike-Sharing. Eine Untersuchung der Universität Göttingen habe ergeben, dass die Ausleihpreise für E-Bikes für Studenten zu hoch seien, teilte der ZVSN im Oktober 2020 mit.

„Wir brauchen mehr Köpfe im Versorgungssystem"

Detlef Haffke, Sprecher der Kassenärztlichen Vereinigung Niedersachsen, über die Zukunft der ärztlichen Versorgung.

Vielen Städten droht durch eine Ruhestandwelle niedergelassener Ärzte eine deutliche Verschlechterung der medizinischen Versorgung. Aus Sicht der Kassenärztlichen Vereinigung Niedersachsen (KVN) bedeutet das: Gerade ländliche Kommunen müssen mit neuen Konzepten um junge Mediziner werben. „Stellen Sie Ihr Licht nicht unter den Scheffel. Streichen Sie lokale Vorteile heraus", empfiehlt KVN-Sprecher Detlef Haffke.

Landesweit gibt es nach Angaben der KVN derzeit 355 offene Hausarztsitze. Die größten Lücken bestehen in Bremerhaven, im Landkreis Cuxhaven, bei Leer und im Umland von Wolfsburg. „Hier liegen die Versorgungsgrade um die 80 Prozent", berichtet Haffke. Landesweit seien zudem rund 90 Facharztsitze zu besetzen.

In Einbeck ist die Versorgung derzeit noch gut, doch es drohen Probleme: Laut KVN scheiden in den kommenden zehn Jahren voraussichtlich ein Drittel der relevanten Ärzte und Psychotherapeuten aus dem Berufsleben aus. Frei werdende Arztsitze würden ausgeschrieben, kündigt Haffke an. Dies allein werde künftig jedoch nicht mehr reichen, um den Bedarf zu decken. „Wir brauchen deshalb langfristig dringend mehr Köpfe im Versorgungssystem." Die Forderungen der KVN: Zusätzliche Medizinstudienplätze, eine Landarztquote, mehr Quer- und Wiedereinsteiger.

Um die Rahmenbedingungen für eine Niederlassung zu verbessern, seien Städte und Landkreise gefragt, so Haffke. „Alles muss auf den Prüfstand. Gemeinden könnten zum Beispiel über kommunale Stipendien für angehende Medizinstudenten nachdenken, um den Nachwuchs zu fördern." Auch die Kinderbetreuung und die Organisation eines Arbeitsplatzes für Partner oder Partnerin der Mediziner spielten eine wichtige Rolle. „Die Gemeinden müssen ihre Attraktivität für Arztfamilien aktiv in die Öffentlichkeit tragen", betont Haffke.

Handlungsbedarf sieht die KVN zudem bei der Mobilität der Patienten. „Dort, wo es in Zukunft weniger Ärzte geben wird, müssen die Patienten weiterhin in der Lage sein, mit Bussen in die nächste Arztpraxis zu kommen", so Haffke. Auch spezielle Ärztebusse zu den Sprechstunden seien sinnvoll.

Florian Schröder, Allgemeiner Vertreter der Einbecker Bürgermeisterin, verweist auf den runden Tisch zur hausärztlichen Versorgung, die enge Zusammenarbeit mit dem Ärzteverein und die Homepage aerzte-einbeck.de, die über die Region und Unterstützungsangebote für Mediziner informiert. Die aktuelle Lage bewertet auch Schröder als gut: „Der große demografische Knick, der bei den Hausärzten drohte, konnte weitgehend abgefangen werden, wobei die Stadt da nur punktuell flankieren musste." Die Zahlen der KVN zeigen allerdings auch: In den kommenden Jahren drohen neue Risiken.

Veröffentlicht: 13. September 2019

„Das Baustraßen-Quartier ist ideal für eine Alters-WG"

Heidrun Hoffmann-Taufall, CDU-Stadtratsmitglied, über eine Wohngemeinschaft für ältere Einbecker und absehbare Engpässe in der Pflege.

Warum braucht Einbeck eine Senioren-WG?

Die Situation älterer Menschen ist heute eine ganz andere als noch vor zwei oder drei Generationen. Die Lebenserwartung steigt, sodass viele bei Rentenbeginn noch einen langen Lebensabschnitt vor sich haben. Viele Ältere sind zudem recht fit, was sich zum Beispiel in ihrem großen ehrenamtlichen Engagement widerspiegelt. Gleichzeitig nimmt mit der Lebenserwartung aber auch die Zahl der Pflegebedürftigen zu. Eine Alters-WG würde beides zusammenbringen: Unterstützung für die Hilfsbedürftigen und eine sinnstiftende Tätigkeit für fitte Senioren.

Wie genau soll das aussehen?

Die Idee ist: Eine Gruppe älterer Menschen lebt unter einem Dach und unterstützt sich gegenseitig – beispielsweise beim Einkaufen oder bei anderen Dingen, die einzelne Bewohner nicht mehr gut allein erledigen können. Zugleich gewinnen die Bewohner neue soziale Kontakte. Das ist besonders dann wichtig, wenn ein Partner stirbt und der andere allein zurückbleibt. Meist sind das die Frauen.

Ist es nicht besser, wenn Pflegebedürftige von Profis betreut werden – sei es in Heimen oder von ambulanten Pflegediensten?

Die Zahl der Pflegebedürftigen wird so stark steigen, dass Altenheime und Pflegedienste ihre Kapazitäten gar nicht ausreichend erhöhen können. Das scheitert schon am fehlenden

Personal. Wir brauchen deshalb eine weitere Säule, in der sich ehrenamtlicher Einsatz und professionelle Leistungen ergänzen.

Als Standort haben Sie das restaurierte Waisenhaus in der Baustraße ins Gespräch gebracht. Warum?

Dort stehen sechs freie Wohnungen unter einem Dach zur Verfügung. Hinzu kommt die Nachbarschaft: Das Baustraßen-Quartier ist ideal für eine Alters-WG. Direkt neben dem Waisenhaus befindet sich ein Gebäude der Baptistengemeinde mit weiteren vier Wohnungen. Die könnte man ebenfalls einbeziehen, sofern die Gemeinde Interesse hat. In den Gemeinderäumen könnte man auch gut Veranstaltungen organisieren – für Senioren und Öffentlichkeit. Darüber hinaus befinden sich in unmittelbarer Nähe zwei Kindergärten, die als Kooperationspartner infrage kommen. Dann könnten sich die Generationen begegnen.

Wie soll die Finanzierung aussehen?

Ich bin überzeugt, dass sich für ein solches Projekt Fördermittel gewinnen lassen. Zudem zahlt die Pflegeversicherung für Wohngruppen mit ambulanter Betreuung. Davon abgesehen: Wenn wir untätig bleiben, kommen durch das geplante Angehörigen-Entlastungsgesetz hohe Mehrkosten auf die Kommunen als Sozialhilfeträger zu. Es ist also im Interesse der Stadt, neue Lösungen zu finden.

Wie stellen Sie sich die nächsten Schritte vor?

Der Rat hat das Thema an den zuständigen Sozialausschuss überwiesen. Wenn es dort eine Mehrheit für das Projekt gibt, dann sollte die Stadt möglichst schnell soziale Einrichtungen und andere denkbare Träger an einen Tisch holen und gemeinsam ein Konzept entwickeln. Für eine erfolgreiche Alters-WG brauchen wir aus meiner Sicht unbedingt einen hauptberuflichen

Quartiersmanager, der sich einerseits um die Senioren und andererseits um Organisatorisches kümmert.

In der Südstadt baut die Firma Convivo gerade einen Wohnpark für Senioren. Wie passt das mit einer Alters-WG in der Baustraße zusammen?

Das sind zwei unterschiedliche Dinge, die nicht in Konkurrenz zueinanderstehen. Convivo setzt allein auf professionelle Leistungen. Bei der Alters-WG würden ehrenamtliche Leistungen und professionelle Hilfe gleichberechtigt nebeneinanderstehen. Das ist ein anderer Ansatz.

Die Vermarktung der Wohnungen im Waisenhaus hat bereits begonnen. Wollen Sie das stoppen?

Das ist aus meiner Sicht nicht nötig. Schon jetzt könnte man Mieter auswählen, die Interesse am Leben in einer Alters-WG haben.

Veröffentlicht: 21. September 2019

„Es hat nicht lange gedauert, bis mich jemand mitgenommen hat"

Eunice Schenitzki (SPD), Stadtratsmitglied und Ortsbürgermeisterin in Hullersen, über den öffentlichen Nahverkehr und eine besondere Art des Trampens.

Wie steht es um die Mobilität in einem kleinen Ort wie Hullersen?

Wir sind glücklicherweise in einer guten Lage, weil wir über bessere Busverbindungen verfügen als viele andere Dörfer. Die Busse nach Einbeck und Dassel fahren nahezu stündlich – auch in den Ferien. Am Wochenende gibt es immerhin vier, fünf Verbindungen pro Tag. Hinzu kommt: Einbeck ist so nah, dass man auch problemlos mit dem Rad fahren oder zu Fuß gehen kann.

Trotzdem gibt es seit einiger Zeit eine Mitfahrerbank – wozu?

Die Idee stammt von einer Bürgerin, die ein ähnliches Konzept anderswo kennengelernt hatte. In Hullersen war es immer schon üblich, dass sich die Menschen helfen und beispielsweise Fußgänger mit in die Stadt zu nehmen. Mit der Bank am Ortsausgang nach Einbeck haben wir dafür einen festen Platz geschaffen. Wenn dort jemand sitzt, dann wissen Autofahrer: Es könnte gut sein, dass diese Person eine Mitfahrgelegenheit sucht. Natürlich kann man auf der Bank auch einfach eine Pause einlegen.

Wie wird die Bank angenommen?

Wir erheben keine Zahlen. Aus eigener Erfahrung kann ich sagen: Gleich zu Beginn habe ich das Ganze selbst ausprobiert und mich auf die Bank gesetzt. Es hat nicht lange gedauert, bis mich jemand mitgenommen hat nach Einbeck.

Ein Modell für die Zukunft?

An der Bank werden wir auf jeden Fall festhalten. Vor Kurzem hat sich eine Familie bereit erklärt, Schilder für die Mitfahrer zu entwerfen. Dann können Autofahrer schon von Weitem erkennen, ob jemand zum Beispiel nach Einbeck oder nach Holtensen mitfahren möchte. Wir entwickeln das Angebot also weiter.

Auch in Hullersen dürfte es schwieriger werden mit der Mobilität, wenn die Bevölkerung altert und schrumpft …

Bisher scheint uns dieser Trend nicht so stark zu betreffen wie andere Orte. Die Bevölkerungszahl bleibt fast konstant und liegt derzeit bei 340 Menschen. Es gibt auch viele junge Einwohner. Das erlebe ich immer wieder, wenn wir Angebote für Kinder organisieren. Da ist meistens eine Menge los.

Veröffentlicht: 4. Oktober 2019

„Wenn ein Haus frei wird, steht es selten lange leer"

Eunice Schenitzki (SPD) über den Streit um Neubaugebiete und die Anziehungskraft des Dorflebens.

Sie sagen: Hullersen kann seine Einwohnerzahl weitgehend konstant halten. Wie erklären Sie sich das?

Ich denke, dass wir vor allem von unserer Nähe zu Einbeck profitieren. Der Weg zu den nächsten Einkaufsmöglichkeiten ist kurz. Und wenn in Einbeck beispielsweise Music Night ist, dann ist man hinterher nicht einmal auf das Auto angewiesen, um nach Hause zu kommen.

In Hullersen gibt es keine Grundschule – ist das kein Nachteil?

Nein. Bei uns ist es schon lange üblich, dass die Kinder in anderen Orten unterrichtet werden. Bis vor wenigen Jahren gingen sie entweder nach Holtensen und Dassensen oder in die Geschwister-Scholl-Schule. Seit der Schulschließung in Dassensen/Holtensen gehen jetzt eben alle nach Einbeck. Am Anfang gab es unter den Eltern zwar Bedenken, aber das ist schnell verschwunden. Ein Vorteil für Hullersen ist sicherlich, dass unsere Kinder zuletzt in den Schulbus steigen. Dadurch ist die Fahrt für sie besonders kurz.

Wie steht es mit Zuzügen?

Das Interesse ist da. Wenn ein Haus frei wird, steht es selten lange leer. Problematisch ist allerdings, dass es in Hullersen keine freien Bauplätze mehr gibt. Baulücken, in denen theoretisch gebaut werden könnte, stehen in der Praxis nicht zur Verfügung. Ich setze mich deshalb dafür ein, zumindest ein bis zwei neue Grundstücke auszuweisen.

Einbeck verliert weiter Einwohner. Muss es da nicht Vorrang haben, die Kernstadt zu stärken?

Grundsätzlich kann ich diesen Gedanken nachvollziehen. Allerdings suchen sich viele Menschen einen ganz bestimmten Ort aus, in dem sie leben möchten. Diese Möglichkeit sollten wir ihnen bieten. Im Übrigen sehen wir, dass Baugrundstücke auch in Einbeck in kurzer Zeit verkauft sind – das beste Beispiel ist das Gebiet am Weinberg.

Veröffentlicht: 11. Oktober 2019

„Viele haben ein veraltetes Bild von Pflege im Kopf"

Kerstin Hartmann über die Arbeit in der Altenpflege und die Suche nach zusätzlichem Personal. Zum Zeitpunkt des Interviews war sie Trainee Residenzleitung im Alloheim Einbeck.

Wie groß ist Personalmangel in der Pflege?

Der Fachkräftemangel ist ein Thema der gesamten Pflegebranche. Unser Haus in Einbeck bildet da keine Ausnahme. Aktuell leben bei uns gut 130 Bewohner. Wir könnten bis zu 145 Betten belegen – bräuchten dazu aber mehr Fachpersonal, das nur schwer zu bekommen ist. Nach einer Analyse der Bundesagentur für Arbeit dauert die Nachbesetzung einer offenen Fachkraftstelle in der Altenpflege durchschnittlich 180 Tage. Das ist deutlich länger als in anderen Branchen.

Woran liegt es, dass nicht genügend Menschen in der Pflege arbeiten wollen?

Viele haben nach wie vor ein veraltetes Bild im Kopf, wie die Arbeit in der Pflege aussieht. Wir sind schon lange weg von der Sechs-Tage-Woche oder mehreren Diensten am Stück. Ganz im Gegenteil: Kaum ein Berufszweig bietet heute so flexible Arbeitszeiten wie die Pflege. Ein Beispiel sind die sogenannten Mutti-Dienste von 8 bis 15 Uhr – für viele ist das ideal, um Beruf und Familie zu verbinden. Zudem gibt es schon in der Ausbildung eine Top-Vergütung und die Aufstiegschancen sind sehr gut.

Grundsätzlich sind Nacht- und Wochenendarbeit in der Pflege unvermeidlich – schreckt das nicht ab?

Mich persönlich hat das nie gestört – das gehört einfach zum Beruf dazu. Nachtschichten und Wochenendarbeit gibt es ja auch in vielen anderen Branchen. Deshalb denke ich nicht, dass das entscheidend ist. Es gibt auch Kollegen, die gezielt Nacht- oder

Wochenendschichten wählen. Außerdem hat man dann an einem anderen Tag frei, wo andere Leute arbeiten müssen und kann Dinge erledigen, die man zum Beispiel nicht am Wochenende machen kann.

Die Bezahlung gilt ebenfalls nicht als Pluspunkt der Pflegebranche.

Das ist leider ein falscher Eindruck, der sich in der öffentlichen Debatte zur Pflege verfestigt hat. Bei uns in Einbeck kommt eine ausgebildete Fachkraft auf gut 3.200 Euro Grundgehalt im Monat. Das ist wirklich gut im Vergleich zu anderen Branchen. Und als Auszubildender erhält man im ersten Lehrjahr bereits überdurchschnittliche 900 Euro. Eine Herausforderung ist hingegen, dass die Pflege trotz vieler Hilfsmittel immer noch ein körperlich anstrengender Beruf ist. Das wird manchmal unterschätzt.

Was tun Sie, um mehr Personal zu gewinnen?

Als Alloheim-Gruppe bilden wir derzeit bundesweit 1.300 Pflegekräfte selbst aus. Darüber hinaus setzen wir auf die klassischen Wege, um neue Mitarbeiter zu finden: Wir kooperieren mit der Arbeitsagentur, schalten Stellenanzeigen, informieren in verschiedenen Social-Media-Kanälen. Zusätzlich arbeiten wir mit vielen Schulen zusammen, in Einbeck beispielsweise mit der BBS. Auch das Weitersagen und Empfehlen im Freundes- und Bekanntenkreis spielt eine große Rolle. Wir fördern das durch die Aktion „Mitarbeiter werben Mitarbeiter": Wer eine zusätzliche Pflegekraft rekrutiert, bekommt dafür eine Prämie.

Ab 2020 gibt es eine einheitliche Ausbildung für die Alten- und Krankenpflege. Droht eine Abwanderung in die Krankenhäuser?

Das lässt sich derzeit noch nicht sagen. Allerdings steigt für die Arbeitgeber sicherlich die Motivation, die eigene Sparte so attraktiv wie möglich zu machen. Einen inhaltlichen Vorteil der gemeinsamen Pflegeausbildung sehe ich darin, dass medizinische und wirtschaftliche Themen einen höheren Stellenwert bekommen.

Veröffentlicht: 2. November 2019

„Der Bedarf an medizinischer Betreuung steigt"

Kerstin Hartmann über den Umgang mit Demenzkranken und den Arbeitsalltag im Alloheim Einbeck. Zum Zeitpunkt des Interviews war sie Trainee Residenzleitung.

Immer mehr Menschen sind hochbetagt, also 80 Jahre und älter. Wie verändert das die Pflege?

Die Menschen werden nicht nur immer älter, sie leben auch länger selbstständig zu Hause. Das bedeutet: Wenn ein Mensch heute entscheidet, in ein Pflegeheim zu gehen, dann ist er wesentlich hilfsbedürftiger als noch vor Jahren. Dadurch steigt der Bedarf an medizinischer und sozialer Betreuung.

Was heißt das konkret für Ihre tägliche Arbeit?

Nur weil jemand alt oder körperlich eingeschränkt ist, bedeutet das ja nicht, dass er keinen Spaß mehr haben oder das Leben nicht genießen möchte. Dem versuchen wir mit unseren abwechslungsreichen Angeboten Rechnung zu tragen. Wir wollen, dass die Bewohner weiterhin am sozialen Leben teilhaben. Ein Beispiel: Wenn wir unseren Bingo-Nachmittag veranstalten, dann ist jedes Mal Stimmung im Saal. Ein weiteres wichtiges Ziel: Die Bewohner sollen ihre Gewohnheiten so weit wie möglich beibehalten können. Wenn jemand gern bis 9 Uhr schläft oder sich jeden Sonntag schick anzieht, dann versuchen wir das auch immer zu ermöglichen.

Inwieweit kann das funktionieren, wenn die Fachkräfte fehlen?

Natürlich ist es spürbar, wenn Personalengpässe da sind. So kann zum Beispiel schon mal das geplante Sonntagsbad auf Montag verschoben werden, weil es am Wochenende schlicht nicht zu leisten ist. In der Regel reagieren die Bewohner auf so etwas verständnisvoll. Ich habe dazu noch kein negatives Feedback gehört. Grundsätzlich gilt aber immer: An der Qualität der Pflege darf es keine Abstriche geben.

Wie gehen Sie organisatorisch mit dem Mangel um?

Wir haben bei uns im Haus einen Dienstplanmanager, der die Arbeitstage einteilt und auf kurzfristige Ausfälle reagiert. Das Ganze funktioniert aber nur, wenn die Mitarbeiter für ihre Flexibilität auch eine Gegenleistung bekommen. Reicht das Stammpersonal nicht aus, dann setzen wir im Einzelfall auch freiberufliche Honorarkräfte ein. Unser Ziel ist es aber, die Dienste mit Stammpersonal zu besetzen. Unsere Bewohner sollen bekannte Ansprechpartner haben.

Welche Rolle spielen Alterserkrankungen wie Demenz?

Demenzerkrankungen nehmen deutlich zu – deshalb bereiten wir die Mitarbeiter regelmäßig durch Schulungen darauf vor. Sie lernen, den dementen Menschen dort abzuholen, wo er in seiner Vorstellung steht.

Können Sie ein Beispiel nennen?

Nehmen wir an, jemand denkt, dass er gleich vom Bus abgeholt wird. Da nützt es nichts zu widersprechen und zu erklären, dass es den vermeintlichen Bus gar nicht gibt. Aber man kann die Vorstellung des Bewohners in die Pflege einbeziehen und zur Motivation nutzen. Nach dem Motto: Der Bus kommt gleich? Dann ziehen wir uns mal lieber schnell an!

Veröffentlicht: 8. November 2019

„Unsere Stadtspaziergänge finden Nachahmer"

Lutz Voss vom Einbecker Lions-Club über das Projekt „3.000 Schritte für mehr Gesundheit".

Seit 2017 bieten Sie jede Woche einen Spaziergang für Senioren an. Wie kam es dazu?

Als ehemaliger Geografielehrer beschäftige ich mich schon lange mit der Bevölkerungsentwicklung. Eine wichtige demografische Veränderung in Deutschland: Die Gruppe der Älteren wird in den nächsten Jahrzehnten immer größer, gerade bei uns in Südniedersachsen. Ich finde es deshalb konsequent, dass wir Lions als Service-Organisation uns verstärkt auch um Senioren kümmern. Aus dieser Überlegung ist vor fünf Jahren die Idee für das neue Angebot entstanden. Damals war ich District Governor der Lions und habe meine einjährige Amtszeit genutzt, um das Konzept voranzubringen. Der Niedersächsische Turner-Bund dachte bereits in eine ähnliche Richtung. Deshalb haben wir gemeinsam „3.000 Schritte für mehr Gesundheit" ins Leben gerufen. Übrigens auch im Auftrag der Einbecker Politik.

Wie sieht das Projekt in der Praxis aus?

Seit fast drei Jahren bieten wir jeden Mittwoch um 15 Uhr einen Spaziergang für Ältere in Einbeck an. Unsere Stammstrecke verläuft auf den Wallanlagen – da ist man nach zweieinhalb Kilometern einmal um die Stadt. Allerdings wechseln unsere Spaziergehrouten regelmäßig, damit es nicht langweilig wird. Wir wählen die Strecken so, dass wir nach 45 bis 60 Minuten und 4.000 bis 7.000 Schritten ankommen. Zusammen mit Siegfried Sander und Herbert Papenberg sorge ich dafür, dass die Lions projektsteuernd und verlässlich sind. Im Anschluss organisieren wir oft noch einen geselligen Ausklang. Die Einbecker Morgenpost gibt den Treffpunkt jeden Mittwoch im Lokalteil bekannt. Das ist großartig, weil wir dadurch mit Start und Routen flexibel sind.

Wie ist die Resonanz?

Konstant gut. Wir haben nie weniger als 25 Teilnehmer, am stärksten Tag waren wir 66 Spaziergängerinnen und Spaziergänger. Ich schätze, dass bisher rund 250 unterschiedliche Menschen an den „3.000 Schritten" teilgenommen haben – zum größten Teil Senioren zwischen 60 und 90 Jahren. Besonders beliebt sind unsere Runden bei Alleinstehenden, wir haben aber auch etliche Ehepaare. Die Teilnehmer kommen sowohl aus der Kernstadt als auch aus den nahen Ortschaften. Gemeinsam sind wir bisher rund 20 Millionen Schritte gegangen!

Wie erklären Sie sich die Beliebtheit?

Ganz wichtig sind die Gespräche auf und nach dem Weg. Ich sage gern: Unsere Spaziergänge sind „soziale Tankstelle" und „Einsamkeitsbekämpfer" zugleich. Man kann über vieles reden. Wir machen bewusst immer wieder Pausen, damit das Klönen nicht zu kurz und die Gruppe zusammen ins Ziel kommt. Die positive Wirkung auf die Gesundheit ist ohnehin unbestritten. Das zeigt auch eine neue Harvard-Studie, die 4.000 bis 7.000 Schritte in moderatem Tempo täglich empfiehlt. Regelmäßige Spaziergänge fördern die Grundkondition, die Motorik und die geistige Leistungsfähigkeit. Allerdings betreiben wir keinen Leistungssport – wir wählen immer ein Tempo, bei dem jeder mitkommt. Das betreute Spazieren in der Gruppe gibt zudem Sicherheit. Es besteht keinerlei Zwang zur Teilnahme. Sie ist kostenfrei und für jedermann offen.

Welche Faktoren sind noch wichtig?

Ein Schlüssel ist die Verlässlichkeit. Wir machen unsere Touren seit April 2017 bei praktisch jedem Wetter. Nur an wenigen Feiertagen sind die Spaziergänge ausgefallen. Hinzu kommen die Kleinigkeiten: So gibt es für jede Teilnahme einen Stempel in unsere Treuekarte. Ist diese nach einem halben Jahr voll, gibt es einen von den Lions gesponserten Gutschein für eine Bäckerei. Die gemeinsamen Besuche dort sind beliebt. Das ist nichts Großes, aber es erhöht die Motivation und verstärkt den bindenden Peer-Group-Effekt. Ganz wichtig sind natürlich auch unsere Kooperationspartner wie die Berufsbildenden Schulen in Einbeck.

Was tun die?

Eine Altenpflegeklasse der BBS unterstützt uns beim Planen der Routen. Jeden Mittwoch begleiten uns drei bis fünf Schüler mit Programm. Für die jungen Leute ist das eine gute Vorbereitung auf ihren künftigen Beruf – ein sanftes Training für den Umgang mit Älteren, hier den pflegeleichten fitten Alten. Nebenbei erwerben die Schülerinnen und Schüler die anerkannte Qualifikation als zertifizierte Bewegungsbegleiter. Gut möglich, dass ihnen das später bei der Bewerbung hilft. Unser Verhältnis zu den Pflegeklassen ist inzwischen so eng, dass wir zu den Entlassungsfeiern eingeladen werden – selbstverständlich gehen wir da als große Gruppe hin. Insgesamt eine echte Win-Win-Situation!

Sie sprachen von mehreren Partnern ...

Neben der BBS arbeiten wir mit dem Einbecker Sportverein, dem Kneippverein mit dem gern besuchten Kneippbecken, den Landfrauen und der Freimaurerloge zusammen. Das Rote Kreuz hält sich jeden Mittwoch bereit, falls jemand gesundheitliche

Probleme bekommt. Glücklicherweise ist das noch nie vorgekommen. Bislang gehörte auch der Niedersächsische Turner-Bund zu unseren Partnern. Allerdings haben sich die Turner entschieden, künftig eigene Angebote zu organisieren.

Wie geht es mit dem Projekt weiter?

Die Einbecker Lions haben sich zum Ziel gesetzt, die 3.000-Schritte-Aktion zur ständigen Einrichtung werden zu lassen. Ganz im Sinne einer altersgerechteren Kommune. Im vergangenen Jahr haben wir in Einbeck eine Infoveranstaltung für Lions aus ganz Deutschland organisiert. Seitdem gelten unsere „3.000 Schritte" bundesweit als Vorzeigeprojekt. Wir Lions suchen ja immer nach geeigneten Activities, die etwas Gutes bewirken. Dafür sind die Senioren-Spaziergänge ideal: Für die Teilnehmer ist die Hemmschwelle gering. Für die Clubs ist es organisatorisch und finanziell zu leisten. Und wie schon angedeutet: Die Älteren werden als Zielgruppe der Lions immer wichtiger.

Gibt es Städte, die sich am Einbecker Beispiel orientieren?

In Hameln läuft ein vergleichbares Angebot seit Juni 2019. Organisiert wird es ebenso von den Lions und einigen Kooperationspartnern. Außerdem weiß ich von einem ähnlichen Konzept in Buxtehude. Dort wird das Projekt von der Hochschule 21 organisiert. Man kann durchaus sagen: Unsere Stadtspaziergänge finden Nachahmer.

Veröffentlicht: 22. März 2020

Aktualisierung:

Wegen der Corona-Pandemie konnten die Stadtspaziergänge 2020 zeitweise nicht stattfinden.

„In unserer Sozialberatung zählen wir immer mehr Menschen im Rentenalter"

Marco Spindler, Sozialarbeiter im Kirchenkreis Leine-Solling, über Ursachen und Folgen von Altersarmut sowie besonders gefährdete Bevölkerungsgruppen.

Sie warnen vor wachsender Altersarmut – auch in Einbeck. Woran machen Sie das fest?

In unserer Sozialberatung zählen wir immer mehr Menschen im Rentenalter. Inzwischen sind es 25 Einzelpersonen oder Familien über 60 Jahren, die regelmäßig bei uns sind – Einzelbesuche nicht mitgerechnet. Früher war es die Ausnahme, dass Senioren mit Geldsorgen zu uns kamen. Doch in den letzten Jahren nimmt die Zahl kontinuierlich zu. Ich befürchte, dass sich dieser Trend fortsetzt.

Warum?

Die geburtenstarken Jahrgänge verlassen das Arbeitsleben, sodass die Zahl der Ruheständler bis 2030 deutlich steigt. Gleichzeitig ist damit zu rechnen, dass das gesetzliche Rentenniveau weiter sinkt. Für eine ausreichende private Vorsorge fehlt vielen Menschen aber das Geld. Angesichts dieser Fakten müssen wir davon ausgehen, dass sich die Altersarmut weiter verschärft. Es werden mehr Menschen auf Grundsicherung im Alter oder Wohngeld angewiesen sein. Über dieses Problem wird bisher noch viel zu wenig gesprochen.

Wie erklären Sie sich das?

Zum einen mag es damit zu tun haben, dass es vielen heutigen Rentnern noch relativ gut geht. Nicht wenige verfügen über zwei Renten oder sie haben im Laufe ihres Lebens geerbt. Zum anderen beobachte ich eine gewisse Resignation. Es gibt

Menschen, die wissen sehr genau, dass sie im Alter nicht genug Geld haben werden. Sie haben aber das Gefühl, dass sie daran nichts ändern können – und finden sich mit der Situation ab.

Welche Menschen sind besonders betroffen?

Es gibt viele Gruppen, die stark von Altersarmut gefährdet sind: Soloselbstständige, Teilzeitbeschäftigte, Langzeitarbeitslose, Geringverdiener, chronisch Kranke und Menschen mit Behinderungen. Bei vielen Frauen kommen gleich mehrere Risikofaktoren zusammen – Erwerbsunterbrechung während der Familienzeit, Teilzeitarbeit, niedriger Stundenlohn. Man darf nicht vergessen: Selbst wer 30.000 Euro pro Jahr verdient, liegt bei einem sinkenden Rentenniveau im Alter an der Armutsgrenze.

Mit welchen konkreten Problemen kommen Senioren zu Ihnen in die Beratung?

Oft geht es um Gesundheitskosten, die von einer kleinen Rente kaum zu bezahlen sind. Das kann Zahnersatz sein, eine neue Brille oder ein Medikament, das die Krankenkasse nicht übernimmt. Auch Fahrtkosten können zum Problem werden – beispielweise durch regelmäßige Termine bei einem Facharzt in Göttingen. Ein anderes häufiges Problem sind die Energiekosten. Wer zum Beispiel auf ein Sauerstoffgerät oder einen Treppenlift angewiesen ist, der muss einen deutlich erhöhten Stromverbrauch bezahlen. Und in der Grundsicherung übernimmt das Sozialamt nur dann die vollen Energiekosten, wenn die Wohnungsgröße nicht über bestimmten Grenzwerten liegt. Den Rest müssen die Menschen aus ihren monatlichen Regelleistungen bestreiten.

Was sind die Folgen der Altersarmut?

Oft führt Geldmangel zu einer schlechten Wohnsituation und zu einem schlechten Zugang zu Gesundheitsleistungen. Nicht selten beobachte ich auch Isolation und Vereinsamung, weil für Aktivitäten mit anderen Menschen die finanziellen Mittel fehlen. All das zusammen wirkt sich wiederum negativ auf die körperliche Verfassung aus. Man könnte sagen: Altersarmut ist der Feind der Gesundheit.

Veröffentlicht: 2. April 2020

„Die Probleme stärker ins Bewusstsein rücken"

Marco Spindler, Kirchenkreissozialarbeiter, über die gestiegene Lebenserwartung, Rentenpolitik und lokale Handlungsmöglichkeiten.

Was kann man gegen Altersarmut tun?

Wir als Kirche haben uns als erstes Ziel gesetzt, die Probleme stärker ins Bewusstsein zu rücken. Bisher ist vielen noch nicht klar, welch große Veränderung uns mit dem demografischen Wandel bevorsteht. Im Landkreis Northeim beispielsweise kamen 2017 noch 44 Rentner auf 100 Erwerbstätige, 2030 werden es 64 Rentner sein. Trotzdem muss es uns gelingen, die Älteren gut zu versorgen, ohne die Jüngeren zu überfordern. Das ist eine riesige Herausforderung, für die noch niemand den Königsweg gefunden hat.

Welche Lösung könnten Sie sich vorstellen?

An höheren Zuschüssen zur Rentenversicherung wird aus meiner Sicht kein Weg vorbei führen – egal in welcher Form. Ich gehe auch davon aus, dass die Verlängerung der Lebensarbeitszeit in Zukunft wieder ein Thema werden wird. Andere Länder haben sich bereits für die Rente mit 70 entschieden, um das Verhältnis von Erwerbstätigen zu Ruheständlern zu verbessern. Ich finde, in diese Richtung kann man durchaus denken, denn in den vergangenen Jahrzehnten ist auch die Lebenserwartung deutlich gestiegen. Allerdings müsste man nach Berufsgruppen unterscheiden. Es ist klar, dass niemand bis zum 70. Geburtstag auf dem Bau arbeiten kann.

Welche Handlungsmöglichkeiten sehen Sie vor Ort?

In der Sozialberatung haben wir das Glück, dass wir uns bei konkreten finanziellen Notlagen an verschiedene Stiftungen wenden können. In Einbeck und Dassel gibt es darüber hinaus die „GemEINsam"-Besuchsdienste, die sich vor allem an alleinstehende Seniorinnen und Senioren richten. Ich finde, wir brauchen mehr solcher Angebote, damit Menschen im Ruhestand nicht vereinsamen. Das gilt ganz besonders für diejenigen, die mittellos und somit weniger mobil sind.

Angesichts der Corona-Epidemie können die angesprochenen Besuchsdienste zurzeit nur eingeschränkt arbeiten …

Ja, Hausbesuche sind im Moment leider nicht machbar. Die Ehrenamtlichen versuchen das durch Telefonate so gut wie möglich auszugleichen. Ich befürchte, dass die Corona-Krise noch für viele soziale Angebote negative Folgen haben wird. Angesichts der wirtschaftlichen Einbußen könnte die Finanzierung wichtiger Projekte infrage gestellt werden. Diese Diskussion wird uns lange beschäftigen.

Veröffentlicht: 9. April 2020

„Uns gehen langsam die Fenster aus"

Hans-Jürgen Kettler, Vorsitzender der Bürgerinitiative Sch(l)aufenster Einbeck, über die Verbesserung des Stadtbilds und desinteressierte Hauseigentümer.

Wie kommt es, dass Sie in Einbeck zum „Mister Schlaufenster" geworden sind?

Kettler (lacht): Damit Sie meine Antwort verstehen können, muss ich Ihnen zunächst einmal erklären, wie es überhaupt zu der Bezeichnung „Sch(l)aufenster" kam – denn der Begriff existiert ja so nicht im Duden. Dazu gehört das Wortspiel: „Vom Graufenster über das Sch(l)aufenster zum wieder vermieteten Schaufenster". Und es ist die Geschichte einer inzwischen aufsehenerregenden Bürgerinitiative.

Die Sie gegründet haben?

Nein, es war ein Gemeinschaftsprojekt. 2015 bin ich nach 47 Jahren Arbeit in den Ruhestand gegangen. In den Jahrzehnten davor habe ich mich um meinen Beruf, meine Kinder und meine älter werdenden Eltern gekümmert. Für Hobbys und Freundschaften blieb wenig Zeit. Auf einmal hatte ich die Freiheit, mich zu fragen: Was machst du jetzt? In dieser Phase ereilte Einbeck ein Aufruf von Karl-Heinz Rehkopf. Er wollte über die Leerstände in Einbeck und die schlimmen Zustände einiger Gebäude sprechen.

Gab es einen konkreten Grund dafür?

Karl-Heinz Rehkopf ist der Initiator und Stifter des PS.Speichers in Einbeck. Mit dessen Eröffnung im Sommer 2014 erwartete er sich viele neue Gäste in Einbeck. Er stellte sich deren Enttäuschung vor, wenn sie beim Betrachten der herrlichen Fachwerkhäuser die vielen trostlosen, mit Bettlaken verhängten oder mit Tapeten verklebten Schaufenster der vielen leer stehenden Geschäfte sehen müssten. Zum ersten Treffen nach dem Aufruf kamen 80 Menschen. Alle zehn Sekunden erschien ein Foto nach dem nächsten von einem ungenutzten Schaufenster. Da keimte in vielen der Gedanke auf: Das wollen wir unbedingt ändern!

Und wie genau?

Indem wir Künstlern, Vereinen, Sammlern oder Schulen die Möglichkeit geben, kostenlos diese Graufenster zu dekorieren und sich darin darzustellen. Vor allem aber wollten wir erreichen, dass die Fenster wieder ansehnlich und interessant werden und besonders abends wieder beleuchtet sind. Aus diesem Gedanken entstand die Bürgerinitiative Sch(l)aufenster. Was fehlte, war ein Vorsitzender. Mich begeisterte die Idee von Anfang an und ich war bereit, mich an die Spitze unserer Initiative zu stellen. So kam es wohl dazu, dass man mich jetzt, wie Sie es sagen, Mister Sch(l)aufenster nennt.

Wie ging es weiter?

Wir bekamen Startkapital von der Kulturstiftung Kornhaus, von der Sparkasse Einbeck, der Volksbank Einbeck und Einbeck Marketing. Damit haben wir loslegt. Das erste Sch(l)aufenster – die wohl schlimmste Ecke in der Innenstadt - habe ich noch selbst mit einem Freund eingerichtet – mit Schreibmaschinen aus einer privaten Sammlung. Nahezu jeder, der vorbeikam, blieb stehen und sagte: Endlich passiert etwas!

Einbeck ist nicht die erste Kommune, die sich auf diese Art um ein besseres Stadtbild bemüht.

Das stimmt, der Unterschied zu uns ist aber: Wir haben sehr schnell gehandelt. Dadurch haben die Einbecker Vertrauen gefasst. Auch ich persönlich wurde schnell bekannt – das hat die Arbeit und die Ansprache von vielen Eigentümern erleichtert.

Denn zuerst brauchten wir deren Aufmerksamkeit und Zustimmung zu einer Kooperation. Ein weiterer wichtiger Erfolgsfaktor war die schon angesprochene allgemeine Aufbruchstimmung, die in Einbeck 2014 mit der Gründung des PS.Speichers entstand und die bis heute anhält.

Inwiefern?

Einbeck war schon immer eine schöne Stadt – nun berief sie sich aber auf ihre Stärken: Seither wird Einbeck positiver wahrgenommen und zieht andere Besuchergruppen an als noch vor einigen Jahren, vor allem natürlich Oldtimerfreunde. Diese Stimmung tut der Stadt gut und trägt dazu bei, dass sich Bürger mit ihrer Heimat auseinandersetzen und etwas verbessern möchten.

Wie viele Sch(l)aufenster gibt es heute?

Im Moment haben wir gut 30 Auslagen dekoriert. Allerdings ist eine andere Zahl aussagekräftiger: Als wir anfingen, zählten wir rund 60 Leerstände, die Graufenster. Von diesen Fenstern sind 33 wieder in einer wirtschaftlichen Nutzung. Ein gutes Beispiel ist ein früherer Lebensmittelladen am Neuen Markt. Der stand lange leer, bis wir das Fenster mit einer Ausstellung des Bürgerspitals füllten. Heute mietet eine Versicherungsagentur die Räume. Andere Gebäude werden von Gastronomen, Fahrschulen oder politischen Parteien genutzt.

Wie funktioniert die Vermittlung?

Oft läuft es so, dass potenzielle Interessenten bei mir anrufen. Meine Telefonnummer steht in jedem Sch(l)aufenster. Ich habe zu praktisch allen Eigentümern einen persönlichen Kontakt und spreche sie an. Sind sie einverstanden, gebe ich ihre Kontaktdaten an die Interessenten weiter. Damit ist meine Rolle beendet. Ich stelle gern den Kontakt her, aber ich bin kein Makler.

Wie viele Sch(l)aufenster wollen Sie noch einrichten?

Das ist mit einer Zahl nicht zu beantworten. Wir haben viele Interessenten, die gern eine Auslage gestalten würden, vor allem Vereine. Das Problem ist: Etliche Eigentümer wollen nicht mit uns zusammenarbeiten – auch wenn wir uns noch so intensiv bemühen.

Was stört die Eigentümer daran, wenn Sie ungenutzte Immobilien verschönern wollen?

Zum Teil sind es Immobiliengesellschaften – die wissen manchmal gar nicht, wo Einbeck liegt. Die reagieren nicht auf unsere Briefe. Es gibt aber auch Einzeleigentümer, die kein Interesse haben. Die nennen keine Gründe – müssen sie auch nicht. In solchen Fällen stoßen wir ebenso an unsere Grenzen wie die Stadt. Die Folge ist: Im Moment gibt es nur sehr wenige Auslagen, die wir Interessenten anbieten können. Uns gehen langsam die Graufenster aus.

Neben den Schaufenstern kümmern Sie sich mittlerweile auch um Stromkästen.

Ja, dazu sind wir zufällig gekommen, weil ich aus einem anderen Grund in der entscheidenden Sitzung des Kernstadtausschusses war. Dort ging es darum, wie man ein erfolgreiches Projekt aus Hullersen auf Einbeck übertragen kann. Auch nach langer Diskussion fand sich keine Lösung. Also habe ich gesagt: Wenn ich als Vorsitzender der Bürgerinitiative wiedergewählt werde, dann machen wir das. Inzwischen haben wir 37 Stromkästen verschönert und es gibt noch viel Nachfrage. Neben den Schaufenstern und Stromkästen haben wir vor Kurzem übrigens auch die Brandlücke in der Altendorfer Straße verschönert – mit zwei Ausstellungs-Containern des PS.Speichers.

Sie haben eingangs gesagt, dass die Bürgerinitiative auf einen Anstoß von Karl-Heinz Rehkopf zurückgeht. Wie eigenständig sind Sie heute?

Gerade in der Anfangsphase hat uns die Kulturstiftung Kornhaus von Herrn Rehkopf sehr unterstützt. Auch heute ist Herr Rehkopf immer noch sehr an der Arbeit der Bürgerinitiative interessiert. Er erkundigt sich regelmäßig, was wir tun. Finanziell sind wir aus der Phase der Anschubfinanzierung heraus. Wir bestreiten unsere Arbeit aus Mitgliedsbeiträgen und Spenden.

Veröffentlicht: 19. April 2020

„Die typische Innenstadt wird es schwer haben"

Hans-Jürgen Kettler von der Bürgerinitiative Sch(l)aufenster Einbeck über Schwierigkeiten der Mittelzentren, Hemmnisse durch den Denkmalschutz und fehlendes Leerstandsmanagement.

Als Vorsitzender der Sch(l)aufenster-Initiative bemühen Sie sich, ungenutzte Ladenlokale zu verschönern. Wie kommt es überhaupt, dass Hauseigentümer teils jahrelangen Leerstand in Kauf nehmen?

In manchen Fällen mag es an überzogenen Mieterwartungen liegen – das kann ich nur vermuten. Eine andere Möglichkeit – ich formuliere bewusst vorsichtig: Kann es sein, dass manche Eigentümer schlicht zu viel Geld haben und die Miete nicht brauchen? Bei der ganzen Diskussion darf man nicht vergessen, dass das Problem keineswegs nur Einbeck, sondern viele Mittelzentren betrifft. Schauen Sie nach Northeim oder selbst nach Goslar, das als touristische Hochburg gilt. Da finden Sie auch etliche Leerstände. Viele Besucher sagen sogar: Eure Stadt ist so schön – ihr habt doch gar kein Problem. Ich werde regelmäßig von Gästen angesprochen, die unsere Sch(l)aufenster sehen und von Einbeck lernen möchten. Wenn ich wollte, hätte ich schon einige Vorträge halten können.

Worauf führen Sie die Schwierigkeiten der Mittelzentren zurück?

Neben dem demografischen Wandel ist der wirtschaftliche und berufliche Strukturwandel ein zentraler Grund. In den vergangenen Jahren hat sich die Zahl der Studierenden vervielfacht. Das bedeutet: Von den jungen Menschen, die in Einbeck Abitur machen, verlässt ein großer Teil die Stadt, um an die Uni zu gehen. Die Folgen sind gravierend. Überspitzt gesagt:

In zehn Jahren werden drei Professoren wochenlang darauf warten, dass ihnen ein Sanitärfachmann das Klo repariert. Handwerkliche Berufe will keiner mehr ergreifen.

Theoretisch ist es durchaus möglich, in Einbeck zu leben und beispielsweise in Göttingen zu studieren. Auch andere Hochschulen liegen in erreichbarer Entfernung ...

Auf dem Land ist für die Generation der Schulabgänger aber nicht genügend los. Junge Menschen wollen immer in den Städten sein, weil dort das Leben pulsiert. Das war schon immer so - und das ist auch nur schwer zu ändern. Ein deutliches Zeichen für die Anziehungskraft der Städte sind die Immobilienpreise.

Was kann man tun?

Wichtig wäre zum Beispiel, dass wir überall schnelles Internet bekommen – etwa in Form von flächendeckendem 5G. Dann könnten die Arbeitgeber umdenken und mehr Arbeit im Homeoffice ermöglichen. Selbst wenn das gelingt, wird es die typische Innenstadt mit kleinen Geschäften und der Gelegenheit zum kurzen Plausch in Zukunft aber schwer haben. Die Konkurrenz der Onlinehändler ist stark und die Freizeitangebote sind sehr vielfältig.

Auch wer in Einbeck investieren will, steht vor Hürden – zum Beispiel durch den Denkmalschutz. Welche Rolle spielt das für den Leerstand?

Das ist ein großes Problem. Wir haben in Einbeck allein mehrere Hundert alte Kellergewölbe. Da frage ich mich: Muss wirklich jedes Einzelne unter Denkmalschutz stehen? So wie sie sind, wird diese Gewölbe niemand nutzen. Ein Hemmnis ist der Denkmalschutz auch dann, wenn er das Zusammenfassen von Ladenflächen verhindert. Und: Kein Grossist zieht in ein Gebäude, wenn er es nicht barrierefrei gestalten kann.

Welche Gründe für den Leerstand sehen Sie noch?

Eine weitere Schwierigkeit ergibt sich aus der Altersstruktur der Hauseigentümer. Viele sanierungsbedürftige Immobilien gehören betagten Menschen, die nicht das Geld für notwendige Investitionen haben. Und wenn sie zur Bank gehen, dann bekommen sie als 80-Jähriger keinen Kredit mehr. Ganz davon abgesehen, dass sich sechsstellige Investitionen in diesem Alter kaum noch rechnen.

Was müsste die Stadt tun?

Da habe ich auch kein Patentrezept. Ein Manko ist sicherlich: Wir haben in Einbeck kein vernünftiges Leerstandsmanagement. Dafür fehlt es der Stadt nach eigener Aussage am Personal und am Geld. In Zukunft könnte das eine Aufgabe für Einbeck Marketing werden – ich bin sehr gespannt, wie sich das entwickelt.

Veröffentlicht: 26. April 2020

„Wir brauchen mehr Investitionen in den ländlichen Raum"

Maike Simmank, wissenschaftliche Mitarbeiterin am Soziologischen Forschungsinstitut (SOFI) Göttingen, über gleichwertige Lebensverhältnisse und die Probleme kleiner Orte.

Sie wollten herausfinden, ob gleichwertige Lebensverhältnisse auf dem Land mehr sind als eine schöne Idee. Wie sind Sie vorgegangen?

In unserem Forschungsprojekt haben wir uns auf vier kleine Ortschaften in den südniedersächsischen Landkreisen Göttingen, Northeim, Holzminden und Goslar konzentriert. Das kleinste Dorf, Kuventhal, zählt rund 200 Einwohner. Im größten Ort, Kirchbrak im Landkreis Holzminden, leben knapp 1.000 Menschen. Unter dem Motto „SOFI geht aufs Land" haben wir zu insgesamt drei öffentlichen Veranstaltungen eingeladen, um mehr über den Alltag zu erfahren. Zusätzlich haben wir bei einem Forschungsbesuch und einer Schülererhebung weitere Informationen gesammelt.

Wie sehen Ihre Erkenntnisse aus?

Interessanterweise äußern sich die Bürger in allen vier Dörfern sehr ähnlich über die Stärken und Schwächen ihrer Orte. Die Menschen schätzen die Ruhe und die Natur, die sie umgibt. Das kam bei fast jedem Gespräch in den ersten Sätzen – unabhängig vom Alter. Lob gab es auch für das Vereinsleben und die Hilfsbereitschaft in den Dörfern.

Wo liegen die Schwächen?

Die größte Sorge der Bürger sind schlechte Mobilitätsangebote und Internetverbindungen. Klagen zur Mobilität kommen besonders von denjenigen, die kein eigenes Auto nutzen – also

Kinder, Jugendliche und Senioren. Das ist natürlich nachvollziehbar: Viele Ältere stehen vor der Herausforderung, ihre Einkäufe und Arztbesuche ohne eigenes Fahrzeug zu organisieren. Jugendliche fühlen sich in ihrer Freiheit eingeschränkt, weil sie für viele Fahrten auf ihre Eltern angewiesen sind. Den öffentlichen Nahverkehr empfinden sie nicht als Alternative. Auch Unternehmen kritisieren mangelhafte Busverbindungen. Ihr Problem: Sie finden schwer Auszubildende, die nicht im gleichen Ort wohnen.

Welche Lösungen kommen infrage?

Konzepte für Bürgerbusse oder Formen der Nachbarschaftshilfe existieren. Allerdings setzen solche Projekte häufig auch eine gute Internetverbindung voraus, weil sie über Online-Plattformen oder Apps funktionieren. Das Mobilitätsproblem und das Internet-Problem hängen also eng zusammen. Das kritisieren etliche Bürger, mit denen wir gesprochen haben.

Was kann die Kommunalpolitik tun?

Konkrete Handlungsempfehlungen standen bei unserem Projekt nicht im Mittelpunkt. Wir wollten vor allem den Austausch zwischen Wissenschaft und Praxis fördern, Impulse setzen und das Ziel gleichwertiger Lebensverhältnisse in den Blick rücken. Was man sicherlich sagen kann: Wir brauchen mehr Investitionen in den ländlichen Raum. Das betrifft etwa die Bereiche Arbeit und Wohnen, beispielsweise in Form von Gründerzentren oder Senioren-WGs. Ein weiterer Schlüssel für Verbesserungen: Kommunen sollten das Engagement und die Vernetzung vor Ort fördern. Es gibt es ein großes Bedürfnis nach Treffpunkten – ob analog oder digital.

Viele Orte träumen davon, neue Bürger aus umliegenden Städten anzuziehen. Kann das gelingen?

Die Chance besteht, sofern die nötige Infrastruktur vorhanden ist. Magazine, die ein idyllisches Bild vom Landleben vermitteln, sind ja zurzeit populär. Gleichzeitig sind Städter aber auch einen gewissen Standard der Daseinsvorsorge gewöhnt. Dazu zähle ich flexible Busverbindungen, eine gute Kinderbetreuung und moderne Arbeitsplätze, zum Beispiel in Co-Working-Spaces. Wenn es das gibt, dann könnte ein Leben auf dem Land vor allem für Menschen interessant sein, die ihren Arbeitsort weitgehend selbst bestimmen können – etwa Selbstständige oder IT-Fachkräfte.

Welche Rolle spielt die Corona-Welle für Ihre Forschung?

Zum einen hat die Pandemie leider dazu geführt, dass die geplante Abschlussveranstaltung unseres Projekts nicht stattfinden konnte. Wir werden trotzdem den Kontakt zu den vier beteiligten Orten halten und verfolgen, wie sie sich weiterentwickeln. Zum anderen unterstreicht die Corona-Welle, wie wichtig leistungsfähige und stabile öffentliche Güter auch auf dem Land sind. Das gilt für die medizinische Versorgung ebenso wie für die Pflege oder die öffentliche Sicherheit.

Veröffentlicht: 3. Mai 2020

„Die Kuventhaler wollen ihren Ort gemeinsam gestalten"

Maike Simmank, SOFI Göttingen, über ihren Forschungsbesuch in Kuventhal.

Welchen Eindruck hatten Sie während Ihres Forschungsprojekts von Kuventhal?

Ich habe die Stimmung als positiv und lösungsorientiert erlebt. An unserem Dorfspaziergang mit dem Heimatpfleger haben rund 70 Personen teilgenommen, davon mehr als 40 aus dem Ort selbst. In einem 200-Einwohner-Dorf hatten wir eine so hohe Beteiligung nicht erwartet. Meine Wahrnehmung war: Die Kuventhaler fühlen sich verantwortlich und wollen ihren Ort gemeinsam gestalten.

Was haben Sie während des Spaziergangs erfahren?

Einwohner aus allen Generationen haben die hohe Lebensqualität, die schöne Lage in der Natur und das aktive Vereinsleben gelobt. Die Aussagen wirkten auf mich authentisch und nicht wie eine geschönte Darstellung für die Außenwelt. Ein Bürger prägte den Satz: Es ist ein Privileg, nicht in der Stadt leben zu müssen. Diese Aussage ist uns im Gedächtnis geblieben. Natürlich wurde auch über Defizite gesprochen – zum Beispiel bei der Busverbindung nach Einbeck. Klagen über mangelnde Mobilität sind typisch für alle untersuchten Orte.

Können Sie ein Beispiel für ein spezifisches Problem in Kuventhal nennen?

Einer der Kritikpunkte war eine Bushaltestelle, die an einem Hang liegt. Für Kuventhaler, die nicht gut zu Fuß sind, ist das offenbar ungünstig und nur schwer erreichbar. Andere Bürger berichteten, dass sie sich Sorgen machen um die Versorgung mit

Pflegeleistungen. Noch seien viele Bewohner des Ortes mobil. Aber in 10 oder 20 Jahren werde das anders aussehen.

Wie ging es weiter?

Nach dem Spaziergang haben wir gemeinsam gegrillt – und noch bei der Bratwurst wurden in verschiedenen Gruppen Ideen entwickelt. Zum Beispiel für eine Mitfahrerbank, Nachbarschaftshilfe beim Einkaufen oder einen Automaten zur Versorgung mit bestimmten Lebensmitteln. Bei den Folgeveranstaltungen in den anderen Orten waren die Kuventhaler immer mit Ortsbürgermeister, Dorfmoderatorin und Heimatpfleger vertreten. Das war einmalig innerhalb unseres Projekts. Aus unserer Sicht ist so etwas wertvoll, weil es die Vernetzung über Landkreisgrenzen fördert.

Veröffentlicht: 12. Mai 2020

„Am alten Standort hätte ich nur verlieren können"

Heiko Jörns, Inhaber Weinhaus Jörns, über seinen Umzug aus der Fußgängerzone in die Nähe großer Einkaufsmärkte.

Wieso verlassen Sie mit Ihrem Geschäft die Innenstadt?

Das Haus in der Marktstraße gehört mir nicht, ich habe es seit unserem Start vom vorherigen Inhaber gemietet. Im August 2019 hat mir der Besitzer mitgeteilt, dass er das Gebäude verkauft. Im ersten Moment war ich wie vor den Kopf gestoßen, denn ich hatte nicht gewusst, dass sich die Entscheidung anbahnt. Danach hatte ich keine andere Möglichkeit, als mich nach einem neuen Standort umzusehen.

Hätten Sie das Haus gern selbst gekauft?

Nein. Mit diesem Gedanken hatte ich mich auch schon beschäftigt. Deshalb habe ich in den vergangenen Jahren von mehreren Architekten schätzen lassen, wie viel Geld ich in das alte Fachwerkhaus stecken müsste, um es dauerhaft als Geschäft zu nutzen. Das Ergebnis: Die Sanierung würde mindestens eine Million Euro kosten. Das ist so teuer, dass es für mich völlig unwirtschaftlich wäre. Am alten Standort hätte ich nur verlieren können. Entweder ich hätte mich überschuldet – oder auf den neuen Besitzer gewartet, der vielleicht gleich die Miete erhöht.

Nun ziehen Sie in die Saalfeldstraße - wären Sie nicht lieber im Zentrum geblieben?

Auf den neuen Standort bin ich eher durch Zufall aufmerksam geworden, aber er passt genau zu uns. Wir haben reichlich Parkplätze vor der Tür. Das ist ein großer Gewinn, denn eine Kiste mit Weinflaschen möchte man nicht unnötig weit tragen. Bei unseren Veranstaltungen können wir Brandschutzbestimmungen und andere Auflagen in Zukunft problemlos erfüllen. Das war bisher immer ein kritischer Punkt. Ein weiterer Vorteil ist die Nähe zu den großen Einkaufsmärkten, die sicherlich unsere Kundenfrequenz erhöht. Davon abgesehen: In der Marktstraße hat sich ohnehin viel Frust angestaut.

Inwiefern?

Die fehlenden Parkplätze hatte ich schon angesprochen. Bisher haben wir zwar auch Stellplätze hinter dem Haus. Aber die sind viel zu oft von Leuten besetzt, die dort nicht hingehören. Unsere Kunden haben das Nachsehen. Hinzu kommt: Vor unserer Tür trifft sich praktisch jeden Tag schwieriges Publikum. Und das ist höflich ausgedrückt.

Wie kommt das?

Bei schlechtem Wetter sammeln sich die Leute unter unserem Vordach, weil es eine von ganz wenigen Überdachungen ist. Andere holen sich beim Supermarkt gegenüber ihre Getränke und halten sich dann vor unserem Geschäft auf. Ich bin ja schon froh, dass die Bänke vor der Tür verschwunden sind. Das ist eine Verbesserung. Trotzdem ist es spürbar, dass die Aufenthaltsqualität gelitten hat.

Ist es nicht problematisch, ausgerechnet in Corona-Zeiten umzuziehen?

Natürlich ist das schwierig. Ich kann ja nicht einmal zwei Freunde gleichzeitig fragen, ob sie mir beim Zusammenräumen helfen. Wir werden im Juni eröffnen und arbeitsfähig sein. Aber um Schönheitsfragen können wir uns vermutlich erst später kümmern. Übrigens haben wir auch keine andere Wahl, als den Umzug über die Bühne zu bringen. Ende Juni müssen wir die Marktstraße verlassen haben.

Wissen Sie, wie die Räume in Zukunft genutzt werden?

Nein.

Veröffentlicht: 24. Mai 2020

„Ich schätze, dass 70 Prozent der Fachwerkhäuser saniert werden müssen"

Unternehmer Heiko Jörns über Investitionsbedarf in der Innenstadt, den Einfluss des Denkmalschutzes und die Rolle der Stadtverwaltung.

Sie kritisieren die Aufenthaltsqualität in der Marktstraße – ist das ein Problem der ganzen Innenstadt?

Definitiv. Das Pflaster in der Fußgängerzone ist marode. Auch die Möblierung ist katastrophal. Hinzu kommt, dass es immer wieder aus der Kanalisation stinkt. Solche Faktoren entscheiden darüber, ob man sich gern im Zentrum aufhält oder nicht.

Wo sehen Sie noch Schwierigkeiten?

Ich schätze, dass 70 Prozent der Fachwerkhäuser dringend saniert werden müssen. Oft haben die Eigentümer seit 40 Jahren sehr wenig investiert, sodass die Instandsetzung inzwischen kaum noch bezahlbar ist. Viele Besitzer haben offenbar gedacht: Einbeck ist so toll – da kann ich einfach das Geld einnehmen und muss mich nicht weiter kümmern. Ihnen fehlt das Gefühl, was ihre Immobilien tatsächlich wert sind. Selbst jetzt in der Corona-Krise sind viele nicht bereit, ihren Mietern bei den Zahlungen entgegenzukommen.

Spricht die gute Entwicklung im Tourismus nicht dafür, dass Einbeck tatsächlich attraktiv ist?

Wir leben in einer schönen Stadt. Ich finde es großartig, dass wir seit einigen Jahren den PS.Speicher haben. Aber auf diesem Erfolg dürfen wir uns nicht ausruhen. Lange hatten wir in der Fußgängerzone relativ viele inhabergeführte Geschäfte und einen guten Branchenmix. Das waren Pluspunkte. Heute ist es für junge Leute unattraktiv, zum Einkauf in die Innenstadt zu kommen.

Wenn wir nicht aufpassen, dann sieht es im Stadtkern bald ähnlich schlecht aus wie in Northeim, Bad Gandersheim oder Seesen.

Sie sprechen den schlechten Zustand vieler Fachwerkhäuser an. Inwiefern trägt der Denkmalschutz zum Sanierungsstau bei?

Die Denkmalschutzauflagen sind ein Riesenproblem, weil sie die Kosten in die Höhe treiben. Es gibt Leute, die haben in Einbeck ein Fachwerkhaus gekauft und noch vor der Sanierung entnervt aufgegeben, weil sie so viele Vorgaben beachten sollten. In der Marktstraße kenne ich eine Immobilie, bei der allein die Instandsetzung des Dachstuhls 400.000 Euro kosten soll, weil das Dach mit Sandstein statt mit Ziegeln gedeckt werden muss. Bei solchen Auflagen verlieren Besitzer die Motivation.

Sehen Sie einen Ausweg?

Ich würde von der Stadtverwaltung erwarten, dass sie sich mit Hausbesitzern und Händlern an einen Tisch setzt und das Gespräch sucht. Was ist wichtiger: Dass die Fenster in jedem Fachwerkhaus in die richtige Richtung aufgehen oder dass wir die Gebäude vor dem Verfall retten? Mir ist auch klar, dass das Geld knapp ist. Aber wir brauchen eine Lösung – selbst wenn es ein langfristiger Plan ist. Leider muss ich sagen: Die Stadtverwaltung tut so gut wie nichts für die Innenstadt. Nach 20 Jahren stehen jetzt Bagger auf dem Neustädter Kirchplatz. Aber das bringt das Zentrum nicht voran.

Veröffentlicht: 4. Juni 2020

„Die Sicherung des Fachkräftebedarfs hat höchste Priorität"

Ina-Maria Heidmann, Hauptgeschäftsführerin der Handwerkskammer Hildesheim-Südniedersachsen, über Nachwuchsgewinnung, betriebliche Ausbildung und Unternehmensübergaben.

Wie sehr leidet das südniedersächsische Handwerk unter Fachkräftemangel?

Die Bevölkerung unserer Region schrumpft – deshalb hat die Sicherung des Fachkräftebedarfs höchste Priorität. Das war schon vor der Corona-Krise so und das wird auch in Zukunft so sein. In der Pandemie ist allerdings sichtbar geworden, wie wichtig ein funktionierendes Handwerk ist. Bis auf Friseure und Kosmetiker konnten alle Gewerke durcharbeiten – das Handwerk ist ein Stabilitätsfaktor.

Was tun die Unternehmen, um qualifizierten Nachwuchs zu bekommen?

In ländlichen Regionen wie Südniedersachsen stellt das Handwerk jeden dritten Ausbildungsplatz. Im vergangenen Jahr haben sich in unserem Kammerbezirk 93 Betriebe entschieden, neu in die betriebliche Ausbildung einzusteigen. Insgesamt bilden damit rund 1.400 Handwerksunternehmen aus. Für das kommende Ausbildungsjahr zeichnet sich angesichts der Wirtschaftskrise ein Rückgang ab. Bei den Ausbildungsplätzen liegen wir derzeit um knapp 20 Prozent unter Vorjahr. Aber bis September ist noch Zeit – bis dahin kann sich einiges tun.

Welche Zielgruppen haben Sie neben Schulabgängern im Blick?

In den vergangenen Jahren haben die Betriebe viel getan, um Flüchtlingen einen Berufseinstieg zu ermöglichen. Die Handwerkskammer berät dabei die Unternehmen und schlägt ihnen geeignete Kandidaten für ein Praktikum, eine Einstiegs- qualifizierung oder eine Ausbildung vor. Niedersachsenweit haben die Firmen auf diese Weise seit 2015 rund 1.000 zusätzliche Mitarbeiter gewonnen. Darüber hinaus bemühen wir uns intensiv, Studienabbrechern eine Perspektive im Handwerk zu geben.

Wie sieht das in der Praxis aus?

Wir haben Kooperationsvereinbarungen mit Hochschulen wie der HAWK geschlossen. Darin ist festgelegt, dass Ausbildungsleistungen gegenseitig anerkannt werden. Der Vorteil: Wer ein Studium abbricht, weil er doch lieber eine handwerkliche Ausbildung machen möchte, fängt nicht bei null an. Das kann zum Beispiel ein Architekturstudent sein, der sich nach einigen Semestern für eine Laufbahn als Tischler entscheidet. Nicht selten lässt sich die Ausbildungszeit in solchen Fällen auf eineinhalb bis zwei Jahre verkürzen. Anschließend bestehen gute Chancen, die Meisterschule zu besuchen.

Sind Abiturienten der Handwerksnachwuchs der Zukunft?

Die Zielgruppe wird zumindest wichtiger. Früher haben 20 bis 30 Prozent eines Jahrgangs Abitur gemacht – heute ist es die Hälfte. Im Kammerbezirk gelingt es uns, 15 Prozent der Schulabgänger mit Hochschulreife für eine handwerkliche Ausbildung zu gewinnen. Damit liegen wir über dem Bundesdurchschnitt von 12,5 Prozent. Die guten Berufsaussichten sprechen für sich. Handwerker sind seltener arbeitslos als Akademiker.

Viele Handwerksmeister der geburtenstarken Jahrgänge stehen vor dem Ruhestand. Was raten Sie Firmeninhabern, die ihren Betrieb übergeben wollen?

Früh genug anfangen. Die Firmen-Übergabe an einen Nachfolger kann Jahre dauern. Die Zeiten, in denen Betriebsübernahmen durch Kinder der Standardfall waren, sind vorbei. Wir raten, sich schon sieben bis zehn Jahre vor dem geplanten Ruhestand umzusehen. Das ist genügend Zeit, um Kontakte zu knüpfen oder auch eigene Mitarbeiter anzusprechen. Vielleicht hat ein erfahrener Geselle Interesse an der Selbstständigkeit und möchte den Meisterbrief machen. So etwas braucht genügend Vorlauf.

Veröffentlicht: 24. Juni 2020

„Südniedersachsen hat ein Wahrnehmungsproblem"

Tim Schneider, verantwortlich für die Geschäftsführung der Südniedersachsen-Stiftung, über das Image der Region und die Abwanderung vieler Studierender.

Viele südniedersächsische Unternehmen finden nicht genügend qualifizierte Mitarbeiter. Woran liegt das?

Ein zentraler Faktor ist der demografische Wandel, der die Bevölkerung in den ländlichen Gemeinden und Mittelzentren Südniedersachsens stagnieren oder schrumpfen lässt. Göttingen als Hochschulstadt profitiert zwar von starkem Zuzug, es gelingt jedoch nicht in ausreichendem Maße, die Studierenden auch nach dem Abschluss in der Region zu halten und langfristig zu binden. Es besteht aktuell ein großes Ungleichgewicht zwischen der hohen Anzahl an Akademikerinnen und Akademikern, die die Hochschulen in der Region ausbilden, und den Fachkräften, die langfristig in Südniedersachsen bleiben. Wie das Institut der Deutschen Wirtschaft bereits im Dezember 2018 festgestellt hat, ist Südniedersachsen eine schrumpfende Boomregion mit steigendem Bedarf an Fachkräften und freien Arbeitsplätzen und einer zeitgleich schrumpfenden Bevölkerung.

Was fehlt Südniedersachsen, um mehr Studierende dauerhaft zu halten?

Von der Faktenlage her ist die Region attraktiv. Es gibt zwar Entwicklungspotenziale bei der Verkehrsanbindung der Mittelzentren an Göttingen, andererseits hat Südniedersachsen ein gutes kulturelles Angebot, gute Angebote für Familien und auch die überregionale Verkehrsanbindung kann sich sehen lassen. Offensichtlich werden diese Stärken von Fach- und Führungskräften nur eingeschränkt erkannt beziehungsweise nicht ausreichend kommuniziert. Südniedersachsen hat ein internes und externes Wahrnehmungsproblem, was an die Diagnose einer schrumpfenden Boomregion anschließt.

Kann es wirklich an der Wahrnehmung liegen? Die meisten Hochschulabsolventen haben mehrere Jahre in der Region gelebt. Sie müssten Stärken und Schwächen gut beurteilen können …

Das sehe ich anders, ist Wahrnehmung doch ein überwiegend passiver Vorgang. Damit meine ich, dass die Wahrnehmung von unserer Region weniger einen aktiv gesteuerten Prozess der einzelnen Person, sondern vielmehr eine unterbewusste Beeinflussung durch äußere Einflüsse und Botschaften darstellt. Ich selbst habe auch in Göttingen studiert. Nach dem Abschluss bin ich weggezogen und erst Ende 2019 zurückgekommen. Während des Studiums habe ich von der Vielfältigkeit und den Stärken Südniedersachsens wenig wahrgenommen. Ich habe mir damals nie die Frage gestellt, ob ich dauerhaft in Südniedersachsen leben möchte. Meine Wahrnehmung war, dass wir als Region vor allem wirtschaftlich nicht in der oberen Liga spielen. Ich vermute, dass es vielen Studierenden so geht. Mittlerweile habe ich aber erkannt, dass dies tatsächlich ein Wahrnehmungsproblem meinerseits war und ich viele positive Aspekte und Stärken Südniedersachsens damals nicht erkennen konnte.

Wie lässt sich die Außendarstellung verbessern?

Ein wichtiger Baustein ist das von uns in Kooperation mit der Universität Göttingen betriebene Welcome Centre für den Göttingen-Campus und die Region Südniedersachsen, das Fachkräften den Start in Südniedersachsen erleichtert. Ankommende werden beispielsweise bei der Beantragung von Visa und der Wohnungssuche unterstützt oder einfach über

Sport- und Kulturangebote informiert. Ziel ist es, den Neuankömmlingen bei der Eingewöhnung zu helfen und sie möglichst langfristig an unsere Region zu binden. Anfang dieses Jahres ist zudem das Projekt Regionales Fachkräftemarketing für die Landkreise Göttingen und Northeim bei der Südniedersachsen-Stiftung gestartet. Dabei steht die Frage im Mittelpunkt, wie wir die Region nach außen möglichst attraktiv präsentieren können. Ziel soll die Erarbeitung eines ganzheitlichen Konzepts zur Zusammenführung der bislang vereinzelten regionalen Marketingaktivitäten sein. Darüber hinaus würden wir es begrüßen, wenn wir den erarbeiteten Ansatz auf die gesamte Region Südniedersachsen übertragen können, um damit die Markenbildung zu unterstützen.

Gibt es schon erste Ergebnisse im Projekt?

Durch die Corona-Pandemie konnten wir leider nicht so zügig starten wie geplant. Wir haben die Zeit für die konzeptionelle Arbeit genutzt und unter anderem Best-Practice-Beispiele aus anderen Regionen zusammengetragen. Insgesamt haben wir in dem Projekt zweieinhalb Jahre Zeit, um die unterschiedlichen Akteure in den Austausch zu bringen und ein Konzept zu entwickeln.

Veröffentlicht: 14. Juli 2020

„Die internationale Konkurrenz um Spezialisten wird härter"

Tim Schneider, Südniedersachsen-Stiftung, über die Folgen der Corona-Pandemie für den Fachkräfte-Wettbewerb.

In vielen Branchen hat Corona die Digitalisierung beschleunigt – Stichwort Homeoffice. Was bedeutet das für die Situation südniedersächsischer Firmen?

Ich gehe davon aus, dass die Pandemie die Art und Weise unseres Arbeitens dauerhaft verändern wird. Viele Firmen und Behörden haben schnell einen guten Umgang mit den digitalen Möglichkeiten gefunden. Manches wird nach der Krankheitswelle wahrscheinlich zurückgedreht, aber andere Dinge werden bleiben. Zum Beispiel werden sich Unternehmen fragen: Brauchen wir wirklich so viel Bürofläche, wenn etliche Mitarbeiter im Homeoffice sind? Ich selbst empfinde es als großen Gewinn, dass sich viele Meetings sehr effizient online erledigen lassen – ohne An- und Abreise. Auch die durch die Pandemie vorherrschende Bereitschaft, sich intensiv mit New-Work-Ansätzen zu beschäftigen, begrüße ich sehr. Ich sehe darin die Möglichkeit, unser Arbeiten für alle Beteiligten sinnstiftender, erfüllender und effektiver zu gestalten.

Wie verändert das digitale Arbeiten den Wettbewerb um Fachkräfte?

Firmen sind weniger darauf angewiesen, begehrte Experten in die Region zu holen, denn immer mehr Aufgaben lassen sich von jedem beliebigen Ort aus erledigen. Das ist ein Vorteil. Der Nachteil: Die internationale Konkurrenz um Spezialisten wird härter, gerade weil sie den Arbeitgeber auch ohne Umzug wechseln können. In diesem Wettbewerb müssen sich die Firmen aus Südniedersachsen behaupten.

Innerhalb der Region wird es einfacher, im Homeoffice für Göttinger Unternehmen zu arbeiten und im Umland kostengünstig zu wohnen. Wird das ein neuer Trend?

Eher nicht. Zwar ist es in vielen Berufen so, dass ein wachsender Teil der Arbeit zu Hause stattfinden kann. Aber das ändert nichts an den Mobilitätswünschen für die Freizeitgestaltung. Wenn jemand seine private Zeit gern in der Göttinger Innenstadt verbringt, dann wird das Leben im Umland nicht allein durch die Möglichkeit zum Homeoffice attraktiver. Es braucht beispielsweise auch eine gute Anbindung durch öffentliche Verkehrsmittel, denn nicht jeder besitzt ein eigenes Auto.

Veröffentlicht: 26. Juli 2020

„Außergewöhnliche Sortimente machen eine Innenstadt lebensfähig"

Anja Barlen-Herbig, Geschäftsführerin von Einbeck Marketing, über neue Nutzer für leer stehende Immobilien und Investitionen in denkmalgeschützte Häuser.

Sie haben angekündigt, dass sich Einbeck Marketing künftig auch um das Citymanagement kümmert. Zielt das auf den hohen Leerstand im Fachwerk?

Ja, Leerstandsmanagement wird für uns ein wichtiges Thema sein. Die Sch(l)aufenster-Initiative hat in den vergangenen Jahren viel erreicht. Trotzdem brauchen wir noch mehr Bewegung - wir müssen neues Leben in alte Häuser bringen. Eine Möglichkeit sind dabei Pop-up-Stores, also Geschäfte, die zunächst für eine zeitlich begrenzte Aktion eröffnen. Ein anderes Thema sind besondere Sortimente, die es nicht auf Online-Plattformen gibt, zum Beispiel handgefertigte Taschen oder ein Unverpackt-Laden. So etwas kann man in einer Innenstadt sehr gut ansiedeln, wenn man Modelle findet, um Start-ups zu unterstützen.

Wie kann das funktionieren?

In anderen Städten ist es üblich, dass zum Beispiel Hauseigentümer Start-ups mit besonderem Sortiment bei den Mieten entgegenkommen. Nicht gleich für fünf Jahre, sondern beispielsweise für sechs Monate oder ein Jahr. Außergewöhnliche Sortimente machen eine Innenstadt lebensfähig, weil sie ein anderes Einkaufserlebnis bringen als der Online-Handel. Ich sehe große Chancen, denn meines Wissens wurden diese Möglichkeiten in Einbeck noch nicht so stark in den Blick genommen. Eine Innenstadt muss zum Erlebnis werden – Sortimente sind dabei jedoch nur ein Aspekt, ebenso wichtig sind die Attraktivität und Aufenthaltsqualität.

Bisher wollte sich niemand um das Leerstandsmanagement kümmern – mit Ausnahme der ehrenamtlichen Initiative. Woher kommt der Antrieb, diese große Aufgabe anzugehen?

Ich sehe es andersherum. Es gibt viele Akteure, die bereits etwas tun – aber jeder für sich allein. Neben der Sch(l)aufenster-Initiative setzt sich auch die Stadtverwaltung für die Thematik ein, ebenso das Team von Einbeck Marketing und auch private Akteure wie Volker Stix mit dem Druckerviertel am Möncheplatz. Ich möchte die Akteure zusammenbringen, Schnittstelle sein und Impulse geben.

Ist das mit dem kleinen Team von Einbeck Marketing zu schaffen?

Ich bin in Gesprächen mit der Stadt, um Fördermittel für einen Citymanager zu bekommen. In der Regel kann man für solche Aufgaben einen Zuschuss von bis zu 75 Prozent erhalten. Wir sind dabei, das richtige Förderprogramm zu finden.

Wie stellen Sie sich die Aufgabenteilung beim Leerstandsmanagement vor?

Ich sehe viele Partner, die Visionen und Ideen einbringen. Unsere konkrete Aufgabe bei Einbeck Marketing besteht wie gesagt darin, Impulse zu geben, zu koordinieren und die Fäden in der Hand zu halten. Darüber hinaus führen wir Gespräche mit Eigentümern und Investoren. Bei allen Themen der Wirtschaftsförderung und der Stadtentwicklung stimmen wir uns regelmäßig mit der Verwaltung ab. Für mich geht es nicht darum, die Aufgaben möglichst klar zu trennen, sondern zusammen etwas zu bewegen.

Was haben Sie noch vor?

Ich könnte mir Modellprojekte vorstellen, um gemeinsam mit Eigentümern moderne Wohn- und Arbeitsformen im Fachwerk zu schaffen. Das wäre interessant für Fachkräfte, die in ländlicher Umgebung aber gleichzeitig urban leben wollen. Für solche Menschen gibt es in Einbeck noch nicht viele Angebote.

Rechnen Sie mit Unterstützung durch den Denkmalschutz?

Ohne den Denkmalschutz geht es nicht. Wenn konkrete Projekte anstehen, sollten wir die Eigentümer zusammenholen und noch besser über bestehende Förderprogramme informieren. In einem Sanierungsgebiet wie dem Bereich Neustadt-Möncheplatz ist vieles möglich. Wenn die Eigentümer das wissen, sind sie vielleicht auch motivierter zu investieren. Gleichzeitig müssen wir Einbeck nach außen positiv darstellen. Dann kommt das Interesse, dann kommen die Besucher, dann profitiert der Einzelhandel. An diesem Punkt hängen Citymanagement und Standortmarketing eng zusammen. Man kann einen Standort nur ganzheitlich vermarkten.

Veröffentlicht: 30. Juli 2020

„Einbeck hat großes Potenzial zu wachsen"

Anja Barlen-Herbig, Einbeck Marketing, über die Anziehungskraft der Stadt für Arbeitskräfte und das Verhältnis von Fachwerk, Braukunst und PS.Speicher.

Einbeck verliert kontinuierlich Einwohner, vielen Firmen fehlen Fachkräfte. Was kann das Standortmarketing dagegen tun?

Mit dem Schrumpfen der Bevölkerung ist Einbeck nicht allein, aber Einbeck hat großes Potenzial zu wachsen. Wir erleben einen Trend zur progressiven Provinz, noch verstärkt durch die Corona-Pandemie. Viele Menschen aus den Metropolen möchten in ländlichen Regionen leben – allerdings nicht auf Urbanität verzichten. Ich kann mir gut vorstellen, dass Einbeck für diese Gruppe attraktiv ist. Allerdings müssen wir die Stadt dazu mit Zukunftsthemen wie Mobilität, Digitalisierung und Nachhaltigkeit positionieren und die Multifunktionalität der Stadt herausarbeiten.

Das haben sich viele Städte vorgenommen – was spricht gerade für Einbeck?

Einbeck hat wahnsinnig viel Kultur, eine schöne ländliche Umgebung, eine funktionierende Nahversorgung, gute Schulen, medizinische Versorgung. Einbeck verfügt über internationale Unternehmen wie KWS. Hinzu kommt das tolle Fachwerk – damit ist Einbeck eine besondere Stadt. Eigentlich sind alle Parameter da – man muss sie nur kommunizieren.

Wie genau haben Sie das vor?

Seit Jahresbeginn haben wir zusätzliche Kommunikationskanäle aufgebaut. Wir sind jetzt bei LinkedIn, Xing, Facebook, wir gehen auch in Instagram. Wir haben unsere Website komplett neu aufgesetzt, ebenso einen neuen Newsletter, um die Einbecker

Wirtschaft intern zu verbinden. Auch um die Medienarbeit werden wir uns verstärkt kümmern, denn wir wollen in die Fachmagazine. Im nächsten großen Schritt werden wir die Inhalte positionieren, mit denen wir Einbeck vermarkten.

Welche Inhalte schweben Ihnen vor?

Es gibt viele Ansatzpunkte. Wir haben ein 5G-Projekt bei KWS, wir haben Industrie 4.0, wir haben Unternehmen, die stark auf Digitalisierung setzen. Auch das Thema Mobilität ist mit dem PS.Speicher super zu bedienen und das Thema Nachhaltigkeit ist für einen zukunftsfähigen Standort ebenfalls wichtig. Ich führe dazu Gespräche mit der Stadt und den Unternehmen.

Welche Zielgruppe haben Sie im Blick?

Eine wichtige Gruppe sind überregional gesuchte Fachkräfte. Städte wie Hameln haben dazu bereits Kampagnen gestartet. Eine wichtige Zielgruppe sind die Millennials aus den Großstädten und umliegenden Regionen, also Menschen um die 25 bis 35, die wir über digitales Marketing erreichen und mit ihren Bedürfnissen ansprechen müssen. Für diese Zielgruppe wollen wir über Inhalte ein positives Image erzeugen. Wenn dann eine Stellenanzeige kommt, sollen sie wissen: Einbeck ist gar nicht so uncool.

Northeim wirbt offensiv um Studenten, die in Göttingen keinen bezahlbaren Wohnraum finden. Ist das auch ein Weg für Einbeck?

Ja, das ist auch für uns ein Thema. Wir müssen in verschiedenen Zielgruppen denken. Der Weg nach Göttingen ist nicht weit und die Verkehrsanbindung ist sehr gut.

In den Landkreisen Northeim und Göttingen gibt es bereits eine gemeinsame Initiative für Fachkräftemarketing. Wie passt das mit Ihren Plänen zusammen?

Wir bringen uns in die Initiative Fachkräftemarketing bei der Südniedersachsen-Stiftung ein – ich bin selbst Mitglied einer Arbeitsgruppe, die gerade startet, um im kommenden Jahr eine Strategie vorzulegen. Standortmarketing hört nicht an Stadtgrenzen auf. Wir müssen uns als Region gemeinsam positionieren – und sollten Nachbarstädte nicht als Konkurrenten betrachten.

Sie sprachen den PS.Speicher an – wie sehen Sie die touristische Vermarktung der Stadt?

Die touristische Vermarktung Einbecks ist Aufgabe der Stadtverwaltung, wir arbeiten jedoch eng zusammen. Der PS.Speicher ist ein absoluter Magnet und ein Alleinstellungsmerkmal für Einbeck. Im touristischen Markenprozess wird gerade unter Leitung von Einbeck Tourismus herausgearbeitet, welches die wichtigsten Themen für die Stadt sein sollen. Neben dem PS. Speicher sehe ich dabei das Fachwerk und die Braukunst.

Sind alle Themen gleichberechtigt?

Alle genannten Themen sind wichtig für die Wahrnehmung von Einbeck. Allerdings ist der PS. Speicher auch international etwas Einzigartiges. Das Einbecker Bier ist ebenfalls überregional bekannt und seit Jahrhunderten mit dem Standort verbunden. Fachwerk dagegen bieten auch andere Städte.

Was bedeutet das in der Praxis?

Bei den Events möchte ich die Identität der Stadt noch stärker herausarbeiten - da bietet sich eine Zusammenarbeit mit dem

PS.Speicher an. Bei Veranstaltungen wie der Oldtimer-Rallye können wir uns andocken und Gäste, die ohnehin in Einbeck sind, zum verkaufsoffenen Sonntag in die Innenstadt holen. Ähnliches gilt für die Brauerei bei Veranstaltungen wie dem Bierfest.

Sie haben sich große Aufgaben vorgenommen. Brauchen Sie ein höheres Budget?

Ich bin dabei, neue Sponsoren zu gewinnen. Mit verschiedenen Unternehmen gab es schon vielversprechende Gespräche. Allerdings kam dann Corona dazwischen. Jetzt müssen wir erst einmal schauen, welche wirtschaftlichen Folgen die Pandemie für Einbeck hat. Aber es ist natürlich das Ziel, weitere Unterstützer einzubinden.

Veröffentlicht: 9. August 2020

„Ich baue lieber 12 Kindertagesstätten als ein Wissensquartier"

Dirk Heitmüller (SPD) über Leerstand, Kinderbetreuung und Gemeindefusionen. Heitmüller war 2020 Bürgermeisterkandidat seiner Partei.

Leerstand und Wohnen:

Lange wurde über Neubaugebiete in den Dörfern diskutiert. Nun haben Vertreter der Orte die Aufgabe übernommen, sich zunächst einen Überblick über Baulücken und verkaufsfähige Häuser zu verschaffen. Ist der Streit damit aus der Welt?

Nein, dadurch hat sich nichts geändert. Wenn jemand heute kommt und in Salzderhelden bauen möchte, dann kann ich kein Grundstück anbieten. Die Plätze, die wir haben, sind im Familienbesitz und nicht auf dem Markt. Interessenten können sich nur entscheiden, ob sie warten oder sich in anderen Orten umschauen. Wir brauchen freie Bauplätze, die wir tatsächlich vermitteln können. Allerdings müssen wir dafür keine großen Neubaugebiete ausweisen.

Sondern?

Wir müssen noch stärker Immobilien erfassen, die absehbar frei werden, weil die Besitzer ein gewisses Alter haben und keine Kinder, die die Häuser übernehmen. Momentan sind solche Häuser schneller weg vom Markt, als sie angeboten werden. Wenn ein Ortsbürgermeister eine Liste von zehn Interessenten hat, die nur in seinem Dorf bauen wollen, dann muss man natürlich auch dafür eine Lösung finden. Grundsätzlich wäre ich bei Bauplätzen auf Vorrat aber vorsichtig – ähnlich wie die Verwaltung. Wir sollten eher auf Lücken setzen, die es heute gibt. Und wir müssen dafür sorgen, dass das Wohnen in alten

Ortskernen auch für kleines Geld attraktiv wird. Sonst bekommen wir riesengroße Probleme.

Inwiefern?

In vielen Dorfkernen haben wir alte Häuser, die für mehrere Generationen konzipiert waren. Heute leben die Leute dort allein oder mit einer kleinen Familie. Ich befürchte, dass der Leerstand in diesen Gebäuden in den nächsten Jahren zunimmt.

Was ist zu tun?

Ein Ansatzpunkt sind Parkplätze für Anwohner. In den Dörfern tritt man aus der Haustür teilweise direkt auf die Straße. Da muss man den Mut haben, auch mal ein Haus wegzureißen und stattdessen Parkplätze zu schaffen. Oder einen Balkon. Vermieter können nicht nur das Geld rausziehen – sie müssen auch in die Immobilien investieren.

Vor allem in der Kernstadt wird oft kritisiert, dass Denkmalschutz-Auflagen Investitionen verteuern und damit den Leerstand erhöhen. Welche Handlungsmöglichkeiten hat die Stadt?

Die Verwaltung muss immer im Dialog sein und die Eigentümer ansprechen. Leider erreicht man gerade diejenigen, die ihre Häuser nicht in Ordnung haben, nur schwer. Trotzdem darf man nicht aufgeben, die Leute über Fördermöglichkeiten zu informieren. Zurücklehnen und warten bringt nichts, denn von sich aus melden sich diese Hausbesitzer nicht.

Wie weit kann die Stadt den Eigentümern entgegenkommen?

Denkmalbehörde ist nicht die Stadt Einbeck, sondern das Land Niedersachsen. Wenn das Land sagt: Dieser Keller ist denkmalgeschützt, dann ist das so. Aber auch mit dem Denkmalschutz kann man reden und klar machen: Es nützt nichts, wenn wir den 751. Keller erhalten, aber eine weitere Brachfläche bekommen. Ich weiß von Projekten, die an denkmalgeschützten Kellergewölben gescheitert sind. In solchen Fällen müssen wir künftig einen anderen Weg gehen. Das wird schwer, aber steter Tropfen höhlt den Stein.

Sollten sich kommunale Unternehmen stärker engagieren, um denkmalgeschützte Häuser zu erhalten?

Ja, vor allem die EWG sehe ich da stärker in der Pflicht. Anstatt Ausschüttungen an die Gesellschafter zu tätigen, sollte das Geld beispielsweise in eine Leerstandsimmobilie investiert werden, um bezahlbaren Wohnraum zu schaffen.

Wohnen statt Handel – ist das die Zukunft der Innenstadt?

Wenn ich mir alte Bilder der Marktstraße ansehe, stelle ich fest: So viele Schaufenster wie heute gab es früher nicht. Wohnen spielte in der Innenstadt eine größere Rolle und ich denke, dass wir da wieder hinkommen. Die Fußgängerzone der 70er und 80er-Jahre ist jedenfalls nicht der Weg der Zukunft. Alfeld macht es vor und baut ein Altenwohnheim in der Fußgängerzone. Wir sollten genau beobachten, wie sich das entwickelt. Nach dem Motto: Lieber gut geklaut als schlecht selbst gemacht. Um so ein Projekt könnte sich die Sparkasse kümmern.

Der Leerstand in der Innenstadt ist hoch, aber bisher wollte niemand die Aufgabe des Leerstandsmanagers übernehmen. Wer muss sich darum kümmern?

Das sehe ich bei der Verwaltung – als Teil der Wirtschaftsförderung. Wenn man überhaupt Unternehmen ansiedeln will, dann muss man einen Überblick haben und jede Anfrage sofort bedienen können. Man darf sich nicht erst auf die Suche machen, wenn die Anfrage kommt, sondern die Angebote für verfügbare Geschäftsräume aus der Schublade holen.

Ist das mit dem vorhandenen Personal zu leisten?

Ich würde das als Bürgermeister zur Chefsache machen. Die jetzige Bürgermeisterin hat das in die Hände von Herrn Mertens gegeben. Aber ein Baudirektor hat auch andere Aufgaben. Ich sehe es als Aufgabe des Bürgermeisters, sich selbst um die Wirtschaftsförderung zu kümmern und Kontakt zu den Bürgern zu halten.

Familienfreundlichkeit:

Einbeck sieht sich gern als familienfreundliche Stadt. Was sind die wichtigsten Aufgaben?

Die Kita- und Krippenplätze in den Ortschaften sollten wir unbedingt erhalten. Nach dem bekannten Motto „kurze Beine – kurze Wege". Wartelisten für Kitas und Krippen darf es nicht geben. Aus den Geburtenstatistiken wissen wir schließlich, wie viele Kinder in einem oder zwei Jahren nachkommen. Dann muss man auch dafür sorgen, dass es genügend Plätze gibt.

Die Krippengruppe in Iber ist gerade gestartet, an der Münstermauer gibt es Pläne für eine weitere Gruppe. Reicht das oder braucht Einbeck weitere Krippen?

Bedarf gibt es immer. Und ich sehe auch weitere Kindergärten, in denen man Krippengruppen schaffen kann. Nehmen wir den Kindergarten am Deinerlindenweg – der ist ähnlich alt und ähnlich gebaut wie der Kindergarten in Vogelbeck und damit ebenfalls reif für einen Neubau. Das sollten wir angehen und bei dieser Gelegenheit gleichzeitig neue Krippenplätze schaffen. Für solche Projekte gibt es in der Regel Fördermittel. Eigenmittel braucht man natürlich auch. Aber bevor ich den Neustädter Kirchplatz saniere oder die Tiedexer Straße ausbaue, würde ich das Geld lieber zugunsten von Kindern und Familien investieren.

Auch in längere Öffnungszeiten der Kitas?

Wenn die Nachfrage da ist, muss man darüber nachdenken, ob man das anbieten kann und anbieten will. Ich nehme aber an, dass der Bedarf begrenzt ist. Es gibt in Einbeck nur noch wenige Industrieunternehmen, in denen Spätschicht gearbeitet wird.

Was ist noch wichtig für Einbecks Familienfreundlichkeit?

Die Multifunktionshalle eröffnet bald. Da müssen wir darauf achten, dass auch die Kinder und Jugendlichen aus den Dörfern etwas davon haben. Wenn es die Möglichkeit gibt, sich nachmittags in Iber in den Bus zu setzen und abends um 18 Uhr wieder nach Hause zu fahren, dann ist die Halle auch für diese Kinder ein Gewinn.

Verwaltung:

Wie viele Arbeitgeber steht auch die Verwaltung vor einer Ruhestandswelle. Wie kann die Stadt genügend gute Mitarbeiter gewinnen?

Die Verwaltung muss ihren Nachwuchs selbst ausbilden und hoffen, dass er an Bord bleibt. Ein Mittel, um das zu erreichen, sind flexible Arbeitszeiten und die Möglichkeit, bei Interesse im Homeoffice zu arbeiten. Umliegende Orte haben bei der Personalsuche ja ähnliche Probleme wie Einbeck. Das sollte unter Nachbarn aber nicht dazu führen, dass man sich gegenseitig die Arbeitskräfte wegnimmt.

Braucht die Verwaltung ein Spezialteam, das sich um Zukunftsthemen kümmert?

Jede Verwaltung muss sich als Dienstleister verstehen. Ich sehe viele Verwaltungsmitarbeiter, die motiviert sind und etwas schaffen wollen. Besonders unter den Jüngeren. Als Bürgermeister muss ich das den Leuten vorleben, ich muss Motivator sein. So kann ein Arbeitsklima entstehen, in dem die Mitarbeiter auf die Bürger zugehen und helfen, Probleme zu lösen.

Welche zum Beispiel?

Ich denke an Bauanträge. Eine Verwaltung darf sich nicht zurücklehnen und sagen: Es ist nicht unsere Aufgabe, die Bürger aktiv zu unterstützen. Wenn ein Antrag Schwächen hat, dann kann man sich doch zusammensetzen und nach einer Lösung suchen. Für so einen Service kann die Verwaltung durchaus eine Gebühr nehmen, aber sie muss ihn anbieten. Das ist ein dickes Brett. Aber ich bin überzeugt, dass es klappen kann.

Zukunft:

Wie knapp ist in den kommenden Jahren das Geld angesichts der Corona-Krise?

Ich befürchte, dass der nächste Bürgermeister in den nächsten drei bis vier Jahren nicht viel Spielraum für neue Akzente hat. Deshalb kann ich mir auch nicht vorstellen, dass sich Einbeck das geplante Wissensquartier in absehbarer Zeit leisten kann und leisten will. Ich baue lieber 12 Kindertagesstätten als ein Wissensquartier. Andere Dinge werden ebenfalls hinten runterfallen.

Wofür sollte die Stadt das Geld ausgeben, wenn es noch knapper wird?

Für Bildung und Schule. Gerade in den Grundschulen muss dringend etwas passieren. Ich denke an die Sanitärräume, die teilweise extrem marode sind.

Was wird aus Dorfgemeinschaftshäusern und Friedhöfen?

Bei den Gemeinschaftshäusern sehe ich die Ortsräte in der Verantwortung. Sie müssen entscheiden, ob sie sich aus ihren eigenen Budgets an den Kosten beteiligen. Die vielen Friedhöfe auf den Dörfern können wir uns in der bisherigen Form nicht mehr leisten. Auf manchem Friedhof findet nur eine einzige Beerdigung im Jahr statt. Dem stehen hohe Kosten für die Unterhaltung gegenüber – von Heckenpflege bis Rasenmähen. Dieses Modell funktioniert bisher nur, weil die Gebühren für alle Friedhöfe zusammen berechnet werden – für den Zentralfriedhof in Einbeck und die Friedhöfe in den Dörfern. Zuschüsse der Ortsräte kommen hier nicht infrage, weil Friedhofsgebühren immer kostendeckend kalkuliert werden müssen.

Wie kann eine Lösung aussehen?

Das wird die Zeit zeigen. Stellen wir uns einen alten Menschen in Brunsen vor, dessen Kinder anderswo leben. In so einem Fall macht es eigentlich keinen Unterschied, ob das Grab in Brunsen oder in Einbeck ist. Das politische Problem: Wenn ich heute entscheide, einen Friedhof zu schließen, dann habe ich die Kosten trotzdem noch für die nächsten 30 Jahre. Der Nutzen entsteht also erst in ferner Zukunft. Als nächsten Schritt kann ich mir dezentrale Friedhöfe für mehrere Dörfer vorstellen.

Wenn Dirk Heitmüller zum Bürgermeister gewählt wird – was wären die wichtigsten Projekte?

Ich befürchte, dass ich wegen Corona zuerst nur reagieren und nicht agieren kann. Ein wichtiges Ziel ist aber ein Low-Budget-Hotel, um den Tourismus zu fördern. Und im Fachwerk-Fünfeck müssen wir uns noch stärker zusammenschließen und gegenseitig füreinander werben. Es macht ja keinen Sinn, dass die Einbecker sagen: Fahrt nicht nach Northeim. Und die Northeimer sagen: Fahrt nicht nach Einbeck. Ein drittes wichtiges Thema ist schnelles Internet. Inzwischen hat auch die Telekom gesehen, wo der Hase langläuft und macht bessere Angebote.

Sollte Einbeck mit weiteren Gemeinden fusionieren?

Nein. Flächenmäßig gehört Einbeck schon jetzt zu den größten Kommunen in Niedersachsen. Wenn die Stadt noch weiter wächst, ist das irgendwann nicht mehr handhabbar. Unsere Aufgabe ist es nach wie vor, mit Kreiensen zusammenzuwachsen und den Kreiensern das Gefühl zu geben, dass sie zu Einbeck gehören. Das wäre auch ein wichtiges Thema für mich als Bürgermeister: Ich will mich in den Orten blicken lassen – nicht nur im Wahlkampf. Ich möchte immer wieder bei Ortsratssitzungen präsent sein, um von den Leuten zu hören, was wir tun können. Solche Besuche der Bürgermeisterin in Salzderhelden habe ich in den vergangenen Jahren vermisst.

Veröffentlicht: 26. - 29. August 2020

„Wir brauchen einen großen Konsens, was am allerwichtigsten ist"

Bürgermeisterin Sabine Michalek (CDU) über Bauplätze, Geldmangel und die Arbeit der Stadtverwaltung.

Leerstand und Wohnen:

Viele Flächen in der Innenstadt sind ungenutzt, aber bisher wollte sich niemand den Schuh des Leerstandsmanagements anziehen. Wer sollte die Aufgabe übernehmen?

Da bin ich offen. Gemeinsam mit der Bürgerinitiative Sch(l)aufenster diskutieren wir gerade, welche Aufgaben beim Leerstandsmanagement Priorität haben sollten. Im nächsten Schritt wollen wir Fördermittel beantragen – für einen Leerstandsmanager, der entweder bei Einbeck Marketing oder bei der Stadt angesiedelt ist. Einen Kommunikator und Vermarkter sehe ich eher beim Marketing. Kümmert sich der Leerstandsmanager vorrangig um Baurecht und um die Umwandlung von ungenutzten Ladenflächen in Wohnraum, dann wäre er bei der Stadt besser aufgehoben.

Gibt es eine Tendenz?

Wir als Stadtverwaltung werden leider oft als Bedenkenträger wahrgenommen. Um das aufzubrechen, brauchen wir einen Leerstandsmanager, der zusammenbringt und Ideen vermittelt. Er oder sie müsste die Beteiligten an einen Tisch holen und sagen: Hier ist Herr oder Frau X. Was braucht es von wem, damit das Projekt umgesetzt werden kann? Aus meiner Sicht ist damit eher ein Kommunikator gefragt. Das passt gut zu Einbeck Marketing.

Welchen Spielraum hätte ein Leerstandsmanager für Zugeständnisse beim Denkmalschutz?

Das ist immer eine Einzelfallentscheidung. Aus meiner Sicht wird der Denkmalschutz oft zu Unrecht als wenig beweglich gescholten. Es ist ja gerade die Aufgabe des Denkmalschutzes zu sagen: Diese Konstruktion hat jetzt 200 oder 300 Jahre gehalten – warum wollt ihr sie für immer vernichten? Können wir nicht einen Weg finden, das Alte zu bewahren und trotzdem modernes Wohnen oder Arbeiten zu ermöglichen? Wichtig ist der Dialog. So kommt man auch zu einer Einigung. Ein jahrzehntelanger Sanierungsstau bei Häusern in der Innenstadt macht umfangreiche und dadurch kostenintensive Maßnahmen erforderlich. So scheitern Projekte eher am fehlenden Geld als am Denkmalschutz.

Auch bei Einzelfallentscheidungen ist es nicht unwichtig, wie sich die Bürgermeisterin positioniert. Welche Möglichkeit sehen Sie, Leitlinien vorzugeben?

Der Denkmalschutz ist zwar bei der Stadtverwaltung angesiedelt – ich bin in diesem Fall aber nicht die Vorgesetzte. Die untere Denkmalschutzbehörde bei der Stadtverwaltung arbeitet relativ autark. Vorgesetzte Behörde ist das Niedersächsische Ministerium für Wissenschaft und Kultur.

Weite Teile der Innenstadt fallen in das Förderprogramm Städtebaulicher Denkmalschutz. Warum gibt es trotzdem Probleme?

Manchmal fehlt die Bereitschaft, denkmalgerecht zu sanieren. Die Rücksicht auf das kulturelle Erbe ist nicht überall da. Der Wunsch, etwas Neues zu bauen, ist dagegen stark verbreitet. Verbesserungsbedarf sehe ich bei der Information der Eigentümer. Da müssen wir neue Wege gehen. Vielleicht mit einem Film oder einem Podcast, der die Fördermöglichkeiten kurz und knapp erklärt. Flyer mit viel Text sind nicht das beste Mittel. Und wir brauchen Best-Practice-Beispiele, wie sich aus alten Häusern etwas Modernes machen lässt.

Wäre es nicht Aufgabe kommunaler Unternehmen wie der EWG, solche Vorbilder für die Nutzung von Fachwerkhäusern zu schaffen?

Das ist eine gute Idee und die greifen wir tatsächlich gerade auf. Bei der Stadt stellen wir gerade eine Liste zusammen, um mit der Geschäftsführung der EWG zu besprechen, welche Gebäude infrage kommen. Man darf aber nicht vergessen: Die Stadt Einbeck hält nur 20 Prozent. Letztendlich entscheidet der Aufsichtsrat darüber.

Als besondere Herausforderung gelten die denkmalgeschützten Kellergewölbe. Wie wollen Sie damit umgehen?

Dazu möchten wir zusammen mit der Politik ein Konzept entwickeln. Aus meiner Sicht müssen wir nicht alle Keller erhalten. Bei einem Bauvorhaben haben wir beispielsweise gesagt: Einen Keller dürft ihr aufgeben, aber dafür erhaltet ihr den anderen. Das könnte ein Modell sein. Der Zustand der Keller ist sehr unterschiedlich. Teils sind sie verfüllt, teils genutzt, teils wunderbar in Wert gesetzt. Zum Problem werden sie dann, wenn ein Haus verschwindet. Dann erwarten die Eigentümer oft eine ebene Fläche, auf der sich ein „zeitgemäßes Gebäude" errichten lässt. Hier ist aufgrund der historischen Umgebung ein behutsamer Umgang und auch Kompromissfähigkeit gefragt.

Schauen wir in die Ortschaften: Seit Langem ist umstritten, ob sich Einbeck bei sinkenden Einwohnerzahlen noch Neubaugebiete in den Dörfern leisten kann. Einige Orte haben dafür gekämpft. Sie plädieren dafür, Baugebiete auf die

Kernbereiche zu konzentrieren. Anfang des Jahres haben Ortsvertreter nun die Aufgabe übernommen, zunächst Baulücken und Bestandsgebäude für die Ortsentwicklung zu sondieren. Hat sich Ihre Linie damit durchgesetzt?

So würde ich es nicht sagen – es ist ein zweistufiges Verfahren. Die Ortsbürgermeister bewerten, wo die Leerstandserhebung von 2018 zutrifft und wo wir sie korrigieren sollten. Sie sagen uns, welche Häuser in den kommenden Jahren zum Verkauf stehen könnten. Und sie teilen mit, wo sie mögliche Entwicklungsflächen sehen. In einigen Orten gibt es integrierte Lagen, aus denen sich etwas machen lässt. In anderen Orten fehlen passende Flächen, aber die Dörfer möchten trotzdem wachsen. Mit diesen Orten gehen wir in die zweite Runde und diskutieren, wo Bauplätze entstehen könnten. Das gilt unter anderem für Vardeilsen.

Können Sie weitere Beispiele nennen?

Dassensen ist ein Ort, mit dem wir sehr gut diskutiert haben. Dort haben wir jetzt schon vier, fünf mögliche Bauplätze innerhalb des Dorfes identifiziert. Bis zum Herbst werden wir eine Übersicht für alle Ortschaften zusammenstellen und dann mit der Politik besprechen, wie es weitergeht.

Erkennen die Dörfer mit diesem Vorgehen nicht faktisch an, dass es Neubaugebiete nur noch im Ausnahmefall gibt?

An diesem Punkt sind wir noch nicht. Manche Orte sagen nach wie vor: Wir haben innerörtlich gar nichts und deshalb brauchen wir ein neues Baugebiet. Die Politik muss dann entscheiden, ob das in der Gesamtschau gerechtfertigt ist. Wir dürfen nicht den berühmten Donut schaffen – mit verfallenen Ortskernen und einem Ring von manchmal monoton wirkenden Neubaugebieten, in denen wir neue Infrastruktur schaffen und Flächen versiegeln. Wir müssen mit Land und Umwelt behutsamer umgehen als in der

Vergangenheit. Für die Zukunft würde ich gern exemplarisch zeigen, wie man Ortskerne wieder in Wert setzen kann.

Was planen Sie?

Mir schwebt ein Ortskern als Treffpunkt vor. Mit einem Dorfcafé, vielleicht mit einem personalarmen Dorfladen, wo man sich mit einer Zugangskarte die fehlende Packung Mehl rausholen kann. Mit Bezahlung, die auf Vertrauen basiert. Gleichzeitig könnte es barrierefreien Wohnraum insbesondere für die ältere Generation geben, die dann länger im Heimatort wohnen bleiben könnte. Voraussetzung für solche Modelle ist der Glasfaserausbau bis in jedes Haus und ein flächendeckend stabiles Mobilfunknetz, damit auch Homeoffice funktioniert.

Welche Orte kommen für ein Modellprojekt infrage?

Ich könnte mir das sehr gut in Salzderhelden oder in Greene vorstellen, um die alte Domäne zu entwickeln. Ahlshausen hat sich selbst auf den Weg gemacht und diskutiert, wie die Zukunft des Ortes aussehen könnte. Auch in Ippensen scheint etwas zu entstehen, weil ein historischer Bauernhof an neue Besitzer gegangen ist, die das Haus auch für die Dorfgemeinschaft in Wert setzen wollen. Kuventhal ist ebenfalls schon weit – nicht zuletzt durch das Projekt mit dem SOFI in Göttingen.

Welche Rolle soll die Stadt Einbeck übernehmen?

Wir können helfen, den Prozess anzuschieben und zu moderieren. Wir beraten, was denkmalrechtlich und baurechtlich umsetzbar ist. Wir helfen bei der Bewerbung um Fördermittel. Aber die Idee und die Motivation müssen aus dem Ort kommen.

Familienfreundlichkeit:

Sprechen wir über Familienfreundlichkeit. Die Stadt schafft zwar neue Krippenplätze, aber offenbar reicht das nicht, denn es bleibt eine Warteliste ...

Bei den Krippenplätzen laufen wir der gesellschaftlichen Entwicklung etwas hinterher. Das gebe ich offen zu. Der Trend, dass beide Eltern kurz nach der Geburt wieder arbeiten wollen, hat sich in den vergangenen Jahren stark beschleunigt. Wir kommen mit dem Bauen kaum nach.

Was unternimmt die Stadt?

Gerade hat die neue Gruppe in Iber eröffnet, sodass Einbeck über 165 Krippenplätze verfügt. Mit dem geplanten Kita-Neubau an der Münstermauer werden es 180 Plätze sein. Geplanter Start ist 2022. Wir rechnen damit, dass wir jedes Jahr rund die Hälfte der Plätze neu vergeben und ab 2022 etwa 40 Prozent eines Jahrgangs versorgen können. Das ist eine schöne Quote und deutlich über der gesetzlichen Vorgabe von 30 Prozent. Zusammen mit den Tageseltern reicht es aus, um den Bedarf einigermaßen zu decken.

Müsste die Stadt nicht mehr tun, als den Bedarf halbwegs zu decken?

Wir strengen uns wirklich an. Als ich Bürgermeisterin wurde, war das Angebot deutlich geringer als heute. Ich finde, wir haben viel geschafft in den vergangenen Jahren.

Wie sehen Sie die Versorgung mit Ganztagsplätzen?

Eltern können in Einbeck unterschiedliche Modelle mit bis zu zehn Kita-Stunden pro Tag buchen. Das gilt zwar nicht in jedem Kindergarten, aber in vielen. In fast allen städtischen Kitas gibt es mindestens eine Ganztagsgruppe. Dieses Angebot wird gut angenommen. Ich bekomme kaum Rückmeldungen, dass Wünsche von Eltern nicht bedient werden können.

Die neue Multifunktionshalle soll das Angebot für Jugendliche verbessern. Zuletzt fehlte es allerdings am Geld für die Möblierung. Ist das Problem gelöst?

Ja, das Geld für die Möblierung steht im aktuellen Haushalt. Damit ist das Projekt finanziert und kann noch in diesem Jahr an den Start gehen. Schwerpunkte werden Kultur und Bewegung sein. Das haben wir in der Region noch nirgends. Eine Aufgabe bleibt allerdings: Wir müssen Transportangebote organisieren, damit auch Jugendliche aus den Orten die Halle nutzen können.

Verwaltung:

Die Stadtverwaltung steht vor einer Ruhestandswelle. Gleichzeitig schrumpft die Zahl der Erwerbsfähigen. Wie wollen Sie dafür sorgen, dass die Verwaltung auch in Zukunft genügend Personal findet?

Wir versuchen, über Bedarf auszubilden und unsere Azubis zu übernehmen. Das erweist sich als goldrichtig. Gleichzeitig müssen wir die Bedingungen des Zukunftsvertrags einhalten, der eine Senkung der Personalkosten verlangt.

Kann die Verwaltung bei sinkenden Einwohnerzahlen kleiner werden?

Die Verwaltung braucht mehr besser qualifiziertes Personal, nicht weniger Köpfe. Die Anforderungen verlagern sich. Wir benötigen in Zukunft mehr Personal in der EDV und für planerische Aufgaben. Wir brauchen dagegen weniger Menschen, die sich um reine Schreibtätigkeiten kümmern.

Wie schwer ist es, guten Nachwuchs zu bekommen? Den wollen die Unternehmen auch haben ...

Wir müssen uns anstrengen. Deshalb machen wir auch das Audit berufundfamilie, um uns als Arbeitgeber zu positionieren. Die Leute sollen sehen: Die Verwaltung ist gar nicht so verstaubt, sie bietet attraktive Arbeitsplätze. Man kann Verantwortung übernehmen und wird vielseitig gefordert. Gleichzeitig haben wir familienfreundliche Arbeitszeiten und können Homeoffice anbieten. Übrigens haben wir schon im Herbst 2015 das Projekt „Rathaus 2020" aufgelegt. Es hat zum Ziel, die Kernverwaltung schrittweise zu modernisieren und dadurch sowohl die Zufriedenheit unserer Kundschaft als auch die Zufriedenheit der Mitarbeiterschaft zu erhöhen. An dem Projekt arbeiten viele unsere Mitarbeiterinnen und Mitarbeiter aktiv mit.

Wie steht es mit der Struktur der Verwaltung? Wäre es nicht wichtig, Aufgaben umzuverteilen, sodass Mitarbeiter frei werden für Zukunftsthemen?

Wenn ich neue Aufgaben übernehme, muss ich als Erstes überlegen: Was mache ich dann nicht mehr? Wir hoffen, dass mit der Digitalisierung bestimmte Tätigkeiten wegfallen. Durch den Zukunftsvertrag konnten wir in den vergangenen Jahren bestimmte Aufgaben nicht bespielen, weil wir kein Geld dafür hatten. Es ist deshalb richtig zu überlegen: Welche Zukunftsaufgaben wollen wir angehen? Aber das muss mit der Zeit kommen. Wir müssen insgesamt weniger verwalten und mehr gestalten.

Zukunft:

Der Zukunftsvertrag, der zum Sparen verpflichtet, läuft im kommenden Jahr aus. Gleichzeitig belastet die coronabedingte Wirtschaftskrise den städtischen Haushalt. Wie knapp ist das Geld in den nächsten Jahren?

Wir werden bei unserer Haushaltsplanung vorsichtiger sein müssen. Unser freies Potenzial wird geringer. Ich bin sehr dankbar, dass wir noch keine Haushaltssperre und keinen Nachtragshaushalt brauchten. Die Steuerschätzungen sind zwar eingebrochen. Aber die Hilfspakete von Land und Bund haben das bisher abgefedert. Ich weiß jedoch nicht, was sich im dritten oder vierten Quartal und insbesondere Anfang nächsten Jahres tut. Durch die Hilfsmaßnahmen konnten viele Unternehmen bisher die Insolvenz vermeiden. Wenn die Erholung aber nicht schnell genug kommt, könnte uns eine Entlassungs- und Pleitewelle drohen. Große Sorgen mache ich mir auch um den Kulturbereich.

Wie wollen Sie bei schrumpfendem Spielraum die Prioritäten setzen?

Wir haben gesagt, wir wollen viel Geld in die Bildung stecken. Das würde ich gern fortführen. Auch bei der Kinderbetreuung würde ich nicht sparen und bei der Kultur nur in Maßen. Das bedeutet, dass wir vielleicht Baumaßnahmen, die uns lieb und teuer sind, streichen oder verschieben müssen. Parallel fallen uns neue Aufgaben vor die Füße, etwa beim Hochwasserschutz. Wir brauchen deshalb einen großen politischen Konsens, was uns am allerwichtigsten ist. Nach der Wahl im November ist das wahrscheinlich leichter zu erreichen als vorher.

Bei sinkenden Einwohnerzahlen stellt sich längst die Frage, ob sich alle Friedhöfe und Dorfgemeinschaftshäuser erhalten lassen. Wird diese Diskussion durch die Finanzknappheit akut?

Das Thema möchte ich unbedingt wieder aufgreifen und die Ankerfunktion einiger Orte – wie in unserem IEK richtig beschrieben - stärker nutzen. Die Dörfer geben ihre Einrichtungen zwar ungern auf. Aber wir müssen darüber sprechen, wie sich Ortschaften Sporthallen, Sportplätze, Dorfgemeinschaftshäuser und Feuerwehrhäuser zukünftig teilen können.

(Hinweis: IEK steht für Integriertes Entwicklungs- und Handlungskonzept)

Wo drängt es sich auf, dass Orte gemeinsame Sache machen?

Wir haben zum Beispiel die Orte im Leinetal, die Linie Immensen – Sülbeck – Drüber. In Immensen haben wir den Kindergarten und in Drüber die Schule. Ich „spinne" einmal in die Zukunft: Vielleicht bekommt Sülbeck dann das Gemeinschaftshaus für alle drei Orte? Oder wir bauen nur ein neues Feuerwehrhaus, wenn es notwendig wird?

Braucht Einbeck nach dem Zusammenschluss mit Kreiensen weitere Partner?

Ich habe nichts Konkretes im Auge. Gemeindefusionen brauchen gute Vorbereitung und bringen einen Rattenschwanz an Integrationsarbeit mit sich. Das Zusammenwachsen mit Kreiensen war ein hartes Stück Arbeit und einige fühlen sich immer noch nicht ganz mitgenommen. Die einzigen Partner, die für eine weitere Fusion infrage kämen, wären Dassel, Kalefeld oder Bad Gandersheim. Von dort gibt es aber keine konkreten Anfragen und ich habe die Fühler auch nicht ausgestreckt. Mit dem nächsten Schritt wäre das Stadtgebiet riesig. Schon jetzt brauche ich eine Stunde vom nördlichsten zum südlichsten Punkt

Einbecks. Für wichtiger halte ich das Thema interkommunale Zusammenarbeit. Hier haben wir als gut funktionierendes Beispiel unser interkommunales Verbundprojekt Fachwerk5Eck zwischen Duderstadt, Einbeck, Hann. Münden, Northeim und Osterode. Mit diesem Projekt möchten wir neue Impulse für den Tourismus, die Gestaltung der Städte und die Wirtschaft setzen und zugleich das Bewusstsein für die Besonderheit des kulturellen Erbes schärfen.

Ein wichtiges Zukunftsthema ist schnelles Internet – viele Dörfer helfen sich aus Verzweiflung selbst. Wäre das nicht auch für die Kernstadt wichtig?

Ich stelle nicht fest, dass die Kernstadt unterversorgt ist. Es liegt an den einzelnen Haushalten zu entscheiden, ob sie eine schnellere Verbindung brauchen. Viele Unternehmen nehmen freiwillig Geld in die Hand und legen sich die Leitungen selbst. Wir müssen uns vor allem darum kümmern, dass Randlagen angeschlossen werden, zum Beispiel das Krankenhaus oder das Haus des Jugendrotkreuzes. Da brauchen wir mehr Tempo. Beim Grundschulstandort in Greene helfen wir uns selbst durch einen Anschluss von Goetel. Schnelles Internet ist die Voraussetzung für viele zukunftsfähige Lösungen.

Woran denken Sie?

An das große Thema Mobilität. Wir haben jetzt die reaktivierte Bahnstrecke. Aber wir brauchen Lösungen für eine umweltfreundliche letzte Meile, um die Menschen an die Zugstrecke zu bekommen. Zum Beispiel mit Car- oder Bikesharing. Und wir müssen die Ortschaften besser an die Knotenpunkte anbinden. In Nordhessen gibt es beispielsweise ein Projekt, bei dem die Bürger in einem Dorf auf den Zweitwagen verzichten und sich stattdessen Fahrzeuge teilen. Dazu braucht es jedoch schnelles Internet, damit man die Fahrzeuge online buchen kann. Etwas Ähnliches würde ich zum Beispiel gern in Kuventhal ausprobieren – mit einem Bus, einem Kleinwagen, einem E-Auto und einer schönen App. Aber entscheiden müssen das die Menschen vor Ort, ob sie das so wollen.

Veröffentlicht: 30. August - 3. September 2020

„Ein Leben auf dem Land wird wieder attraktiver"

Claudius Weisensee (FDP) über die Belebung der Innenstadt, Krippengruppen und Neubürger. Weisensee war 2020 Bürgermeisterkandidat seiner Partei. Er wurde zudem von „Gemeinsam für Einbeck", Bürgerliste Kreiensen und den Grünen unterstützt.

Leerstand und Wohnen:

Was würden Sie als Bürgermeister gegen den Leerstand in der Einbecker Innenstadt unternehmen?

Als unmittelbar wirkende Maßnahme schlage ich vor, sämtliche öffentliche Dienstleistungen der Stadtverwaltung auch in der Innenstadt anzubieten. Denn durch die Zentrierung sogenannter Nutzungen des Alltags in der Innenstadt wie zum Beispiel Bürgerbüro, Bauamt oder Kitas, die regelmäßig von Menschen angesteuert werden müssen, wird für eine stärkere Frequentierung der Einbecker Innenstadt gesorgt. Dafür kann das Alte Rathaus auf der Rückseite zum Hallenplan barrierefrei ausgebaut werden. Das gemeindliche Vorkaufsrecht kann ebenfalls ein interessantes Instrument sein, um zum Verkauf angebotene (Laden-)Flächen aufzukaufen und günstig an kleine Manufakturen, Start-ups oder private soziale Einrichtungen zu vermieten. Mittelbar wirken häufigere Straßenreinigungen in der Innenstadt und ein ansprechendes Mobiliar. Denn Sauberkeit und optischer Liebreiz steigern die Attraktivität der Innenstadt und machen den Einkaufsbummel in Einbeck zu einem angenehmen Erlebnis.

Muss sich die EWG stärker für die Nutzung von Fachwerkhäusern engagieren?

Als Tochtergesellschaft der Stadt sollte sie natürlich in die strategischen Überlegungen und Ziele der Stadt eingebunden sein. Hierzu gehören der Erhalt und die Weiterentwicklung der historischen Bausubstanz. Das Know-how der EWG auch unter Berücksichtigung von Förderprogrammen zu nutzen, ist sicherlich sinnvoll. Ich habe in Einbeck selbst in einem Fachwerkhaus in der Innenstadt und einem Fachwerkhaus in Immensen zur Miete gewohnt und das individuelle Wohnerlebnis in einem schnuckeligen, gemütlichen und fast märchenhaften Haus sehr geschätzt. Deshalb kann ich das Wohnen in Fachwerkhäusern mit voller Überzeugung empfehlen. Die Einzigartigkeit und das Potenzial des Wohnens in Fachwerkhäusern kann mithilfe der EWG bestimmt vielen Zuzugswilligen nähergebracht werden.

Was würden Sie gegen den Verfall alter Ortskerne tun?

Die historischen Ortskerne bilden die Identität unserer Dörfer. Das Zauberwort heißt Instandhaltung, Instandhaltung, Instandhaltung. Dort, wo das über Jahre und zum Teil Jahrzehnte versäumt wurde, haben wir Probleme mit verfallender Bausubstanz und/oder einen erheblichen Modernisierungsstau. Und hier müssen die Regelungen des Baurechts und des Denkmalschutzes Engagement von Eigentümern ermöglichen, statt es zu verhindern oder schwer zu machen. Nutzungen müssen hinterfragt werden. Warum diskutieren wir in einem dörflichen Ortskern mit schnellem Internet nicht mal über die sehr günstige Ansiedlung eines Co-Working-Spaces, in dem sich Gründerinnen und Gründer entfalten können? Voraussetzung dafür ist natürlich schnelles Internet überall.

Wie viele Neubaugebiete verträgt die Stadt – und wo?

Noch ist es zu früh, einen allgemeinen Trend zu erkennen. Aber es deutet einiges darauf hin, dass es in den kommenden Jahren zu einer Stadtflucht kommen wird. Dazu hat natürlich Corona beigetragen. Ich weiß, wovon ich rede. Über Wochen saßen wir in der Zeit des Lockdowns in unserer Wohnung ohne Balkon im Zentrum Karlsruhes. Da wächst die Sehnsucht nach dem Land. Auch deshalb möchte ich nach Einbeck zurückkehren. Zum Glück ist es heutzutage in vielen Berufen nicht mehr so wichtig, dass Wohnen und Arbeiten in räumlicher Nähe zueinander stattfinden. Das steigert die Attraktivität der ländlichen Regionen. Einbeck wird davon profitieren, wenn es für Zuzugswillige ansprechende Angebote bereithält. Nicht jeder möchte in einem Fachwerkhaus oder in einem anderen Altbau wohnen. Viele schätzen die Modernität und den Komfort eines Neubaus oder wollen sich architektonisch selbst verwirklichen. Dafür braucht es Neubaugebiete. Die können überall dort entstehen, wo Flächen bereitstehen, die unproblematisch erschlossen werden können. Eine Festlegung auf bestimmte Ortschaften oder gar die Kernstadt wäre falsch. Vielmehr sollte die Ausweisung der Neubaugebiete dem Bedarf folgen. Aus Vardeilsen, wohin ich gerne auch wieder zurückziehen möchte, weiß ich beispielsweise, dass ein Bedarf besteht.

Familienfreundlichkeit:

Wie lässt sich aus Ihrer Sicht die Kinderbetreuung verbessern?

Die Frage beschäftigt Pädagogen, Erziehungswissenschaftler, Soziologen und Verwaltungsmitarbeiterinnen und -mitarbeiter in den Rathäusern seit Jahrzehnten. Die Stadt Einbeck kann - soweit möglich - dem Rat der Expertinnen und Experten folgen und in die Ausstattung der Kitas investieren. Dazu gehört auch die Digitalisierung. Wobei mir wichtig ist, dass nicht die Kinder digitalisiert werden, sondern die Kita. Kinder kommen bereits außerhalb der Kita früh genug mit Tablet, Handy und Co. in Berührung und sollen in der Kita erst einmal lernen, von Angesicht zu Angesicht zu kommunizieren und miteinander zu spielen, um soziale Fähigkeiten zu erlernen. Die Erzieherinnen und Erzieher selbst benötigen aber eine technische Ausstattung, die ihre Arbeit erleichtert. Beispielsweise können in einer datensicheren Cloud Entwicklungssheets zu einem Kind abgelegt und zeitgleich sowie unabhängig voneinander bearbeitet werden, ohne dass noch Zettel ausgefüllt werden müssen. Personell würde eine dritte Kraft in den Kitagruppen sicher einen Qualitätssprung bedeuten. Letzteres muss aber auf Landesebene entschieden werden.

Braucht es Neubauten, um mehr Krippenplätze zu schaffen?

Der Bedarf nach Krippenplätzen ist da. Für die Schaffung von Krippenplätzen sollten leer stehende Läden in der Innenstadt umgenutzt werden, um gleichzeitig die Innenstadt zu beleben und Leerständen entgegenzuwirken. Neubauten braucht es nicht.

Verwaltung:

Das Neue Rathaus steht vor einer Ruhestandswelle. Wie kann die Stadtverwaltung die personellen Lücken schließen?

Der öffentliche Dienst steht in Konkurrenz zur privaten Wirtschaft. In Zeiten der Krise reift aber auch bei vielen jungen Menschen die Erkenntnis, dass ein sicherer Arbeitsplatz ein Wert an sich ist, der vielleicht ein höheres Gehalt aufwiegen kann. Das ist einer der Vorteile der Arbeit in der Stadtverwaltung. Trotzdem wird es nicht mehr reichen, nur eine Stellenausschreibung auf der eigenen Homepage und in der Einbecker Morgenpost und der Eule zu veröffentlichen. Die Stadt muss aktiv auf sozialen Netzwerken wie Xing, Facebook, Instagram etc. in einer jugendgerechten Sprache um den Verwaltungsnachwuchs werben und die Vorteile einer Tätigkeit in der Verwaltung herausstellen. Neben der Krisenfestigkeit des Jobs gehören die Vereinbarkeit von Familie und Beruf, eine auskömmliche Altersversorgung, Fortbildungschancen und eine gute Work-Life-Balance dazu. Ich setze mich außerdem gerne mit den älteren Mitarbeiterinnen und Mitarbeitern der Verwaltung zusammen, um über mögliche Modelle für eine freiwillige Verlängerung der Dienstzeit zu sprechen. Denn ihre Erfahrung ist von unschätzbarem Wert für die Stadtverwaltung. Die möchte ich ungern verlieren.

Wie würden Sie die Verwaltung aufstellen, damit die Beschäftigten mehr Kapazitäten für die Arbeit an Zukunftsthemen haben?

Dienst in der Verwaltung ist nicht immer nur die Arbeit an Zukunftsthemen. Manchmal müssen auch Bußgeldbescheide für Hundebesitzer erlassen werden, die die Hinterlassenschaften ihrer Tiere nicht beseitigen, Grünflächen gemäht oder Personalausweise ausgestellt werden. Gerade die alltägliche Arbeit der Beschäftigten des öffentlichen Dienstes sorgt dafür, dass in Deutschland Rechtssicherheit und Verlässlichkeit herrschen. Das ist ein echter Standortvorteil für Deutschland und natürlich auch für Einbeck im Speziellen. Die Kolleginnen und Kollegen, die das Rückgrat der Verwaltung bilden, brauchen vor allem eine adäquate personelle und logistische Ausstattung, um ihre vermeintlichen Routineaufgaben gut und mit Freude an der Arbeit erledigen zu können. Umgekehrt benötigen diejenigen, die gerade für Kreativarbeit eingestellt worden sind, eine Entlastung bei den Routineaufgaben. Ein Stadtplaner soll Pläne zeichnerisch und textlich erstellen, sollte aber keine Kopien für Ausschussmitglieder oder Ähnliches erstellen müssen. Nicht zuletzt zeigt meine Erfahrung, dass zu enge Zeitvorgaben kreatives Denken hemmen und die Fehleranfälligkeit erhöhen.

Lieber gebe ich den Mitarbeitern mehr Zeit, sorge bei ihnen für weniger Stress und damit für mehr Freude bei der Arbeit und erhalte im Gegenzug dafür ein qualitativ hochwertiges Ergebnis. Wichtige Aufgaben wie die Ansiedlung von Wirtschaftsunternehmen und die Begleitung von Gründungen sind natürlich Chefsache. Wirtschaftsförderung, Veranstaltungsorganisation und Tourismusförderung sollten in einer Hand liegen. Die Mitarbeiterinnen und Mitarbeiter sollten vom Bürgermeister den vollen Rückhalt bei allen ihren Entscheidungen, gleichzeitig aber auch klare und eindeutige Vorgaben vom Chef erhalten, die ihnen Sicherheit für die Bewältigung von Zukunftsaufgaben geben. Denn am Ende trägt immer der Bürgermeister die Verantwortung. Nach außen wird er immer die Entscheidungen seines Teams stützen und lediglich intern konstruktive Kritik üben.

Zukunft:

Die Corona-Krise belastet den städtischen Haushalt. Wo würden Sie kürzen – und wo nicht?

In Krisenzeiten zu kürzen wäre fatal. Das würde die Abwärtsbewegung verstärken. Antizyklische Finanzpolitik erfordert gerade jetzt Investitionen. Nach Beendigung der Krise muss dann aber wieder zu einer schwarzen Null zurückgekehrt werden.

Wie wollen Sie bei sinkenden Einwohnerzahlen mit teurer Infrastruktur wie den Dorfgemeinschaftshäusern umgehen?

In der Corona-Zeit muss das Raumangebot der Dorfgemeinschaftshäuser bestehen bleiben. Denn es werden spätestens in der Mitglieder- und Jahreshauptversammlungssaison Engpässe entstehen. Die Prämisse, dass die Einwohnerzahl zwangsläufig sinken wird, kann ich nicht teilen. Corona hat es gezeigt: Ein Leben auf dem Land wird wieder attraktiver. Die Digitalisierung wird diesen Trend verstärken, wenn erst einmal alle Dörfer an schnelles Internet angeschlossen sind.

Müssen nach dem Zusammenschluss mit Kreiensen weitere Gemeindefusionen folgen?

Ich halte eine Fusion mit der Stadt Dassel für sinnvoll. Denn Dassel und Einbeck verbindet historisch die gemeinsame Zugehörigkeit zum Altkreis Einbeck. Dassel ist wirtschaftlich gesund. Trotzdem können die wichtigen Zukunftsaufgaben am besten gemeinsam bewältigt werden bei geringeren Gesamtkosten der Verwaltung. Damit dennoch Entscheidungen weiterhin vor Ort getroffen werden können, bin ich für eine Stärkung der Eigenverantwortung der Ortsräte.

Was liegt Ihnen beim Umgang mit dem demografischen Wandel sonst noch am Herzen?

Mir liegt am Herzen, die Diskussion umzudrehen. Raus aus der Defensive. Schrumpfungsplanung, Leerstandsmanagement und das Ausloten von Einsparpotenzialen sind wichtig. Viel wichtiger ist es aber, dafür zu arbeiten, dass der Wandel für Einbeck einen Zuzug von Familien und Fachkräften sowie von Rückkehrern bringt. Meine Perspektive für 2030 sieht so aus, dass Einbeck eine wachsende Stadt mit hervorragender Lebensqualität sein wird, in der sich Zugezogene, Rückkehrer und Alteingesessene rundum wohlfühlen.

Veröffentlicht: 18. - 20. September 2020

„Sanierungsstau liegt nicht am Denkmalschutz"

Baudirektor Joachim Mertens und Krimhild Fricke, in der Stadtverwaltung zuständig für Denkmalpflege, über Leerstand und Sanierungsbedarf in alten Häusern.

Trägt der Denkmalschutz eine Mitschuld am hohen Leerstand in der Einbecker Innenstadt?

Mertens: Ganz klar: Nein. Es stimmt, dass im Zentrum viele Flächen ungenutzt sind, aber das hat soziale und wirtschaftliche Gründe. Ein wichtiger Faktor ist beispielsweise die starke Konkurrenz durch den Online-Handel. Auch die Nutzungsgewohnheiten haben sich verändert. Das klassische Modell der 60er-Jahre sah so aus, dass die Inhaber über ihren Geschäften wohnten. Das gibt es nur noch selten. In etlichen Gebäuden ist seit Jahrzehnten nicht investiert worden, sodass wir heute vor einem Sanierungsstau stehen. Das liegt aber nicht am Denkmalschutz.

Wie hoch ist der Anteil denkmalgeschützter Gebäude?

Mertens: Wir reden über rund 2.200 Baudenkmale in der Kernstadt und den Ortschaften. Diese Objekte stehen nach Paragraf 3 des Niedersächsischen Denkmalschutzgesetzes unter Denkmalschutz – sie dürfen nicht zerstört werden. Das bedeutet nicht, dass die Eigentümer sie nicht umbauen dürfen. Im Gegenteil: Denkmalschutz und Bauaufsicht der Stadtverwaltung sind kompromissbereit – wir haben großes Interesse, dass die Häuser zeitgemäß genutzt werden. Allerdings gibt es auch Dinge, die nicht genehmigungsfähig sind.

Welche Auflagen kommen in der Praxis am häufigsten vor?

Fricke: In den 60er-Jahren wurden in vielen Häusern Kunststoff- oder Holzfenster ohne Unterteilung eingebaut. Das wird heute nicht mehr genehmigt, denn zur fachgerechten Sanierung eines Fachwerkhauses gehören Holzfenster mit einer Gliederung, in der Regel zweiflüglige Sprossenfenster. Ein anderes Beispiel ist die Behandlung der Balken. Früher wurden viele Balken mit einer diffusionsdichten Farbe gestrichen, ausgespritzt und gespachtelt, damit gibt es ein extrem hohes Risiko der Holzschädigung. Auch das ist heute nicht mehr zulässig, denn eventuell eindringende Feuchtigkeit muss die Hölzer auch wieder verlassen können.

Viele Nutzer wünschen sich großzügige Räume. Ist das in Fachwerkhäusern möglich?

Fricke: Bedingt. Beim Grundriss lassen sich durchaus Kompromisse finden – denn das Ziel muss sein, dass das Haus bewohnt wird. Es kommt aber auch vor, dass die Vorstellungen der Eigentümer grundsätzlich nicht zu einem alten Gebäude passen. Ein 40-Quadratmeter-Wohnzimmer ist in einem Fachwerkhaus nur im Ausnahmefall möglich. Tragende Wände und aussteifende Hölzer können nun einmal nicht entfernt werden. Dieser Fehler ist beispielsweise im Eickeschen Haus passiert, das dadurch zu kippen drohte.

Wie viel Spielraum für Zugeständnisse lässt das Denkmalrecht?

Fricke: Das ist pauschal nicht zu beantworten. Das Gesetz gibt einen groben Rahmen vor, legt aber kaum Details fest. Nehmen wir das Beispiel mit den Fenstern. Es steht nicht im Gesetz, dass man in ein Fachwerkhaus kein Kunststofffenster einbauen darf – es ergibt sich aber aus dem Kommentar zum Gesetz und aus Gerichtsurteilen. In der Praxis geht es sehr oft um Einzelfallentscheidungen. Man muss sich fragen: Was macht das Denkmal zum Denkmal?

Welche Wünsche sind problemlos zu realisieren?

Fricke: Ein gutes Beispiel sind vorgebaute Balkons. Die findet man in Einbeck an vielen Fachwerkhäusern. So etwas wird in aller Regel genehmigt, sofern die Balkons baulich vom Haus getrennt sind. Wenn jemand das Dachgeschoss als Wohnung nutzen will und Licht braucht, kommt häufig eine Gaube infrage – das passt zu einem Denkmal. Große Dachflächenfenster können wir dagegen nicht genehmigen.

Es heißt, dass auch die denkmalgeschützten Keller neue Nutzungen erschweren. Wie groß ist das Problem?

Fricke: Es geht um rund 500 alte Gewölbe, die zum Teil älter sind als die Häuser selbst. Diskussionen gibt es meist dann, wenn ein Gebäude verschwindet – so wie es an mehreren Stellen durch Brände geschehen ist. Dann taucht oft der Wunsch auf, das Grundstück einzuebnen und auf ebener Fläche neu zu bauen. Auch dabei sind wir zu Kompromissen bereit. Allerdings gibt es gute Lösungen, um die Keller zu erhalten – etwa mit einer Rampe, mit der sich 20 oder 30 Zentimeter leicht überbrücken lassen.

Große Teile der Innenstadt fallen in das Förderprogramm Städtebaulicher Denkmalschutz. Reicht die Unterstützung nicht aus?

Mertens: Die Fördertöpfe sind offen. Grundsätzlich können daraus alle Ausgaben bezahlt werden, die sich für die Eigentümer nicht rentieren – wenn durch die spätere Miete die Aufwendungen nicht gedeckt sind. Voraussetzung für die Förderung ist, dass Hausbesitzer vor Beginn der Arbeiten einen Sanierungsvertrag mit der Stadt Einbeck schließen. Leider ist die Förderung auf das Sanierungsgebiet Neustadt – Möncheplatz beschränkt. Es ist bedauerlich, dass nicht die komplette Innenstadt dazu gehört.

Welche Möglichkeiten haben Hausbesitzer außerhalb des Sanierungsgebiets?

Mertens: Jede Investition in den Erhalt eines denkmalgeschützten Gebäudes ist steuerlich absetzbar.

Geschäftsleute berichten, dass die Sanierungskosten für Fachwerkhäuser teils jenseits der Millionen-Grenze liegen. Ist das die Ausnahme oder die Regel?

Mertens: Das kommt auf den Einzelfall an. Aber stellen wir uns ein großes Fachwerkhaus vor: 160 Quadratmeter im Erdgeschoss, 160 Quadratmeter darüber, dazu der Dachboden. Da ist man schnell im sechsstelligen Bereich. Bei solchen Summen kommen viele Eigentümer an ihre finanziellen Grenzen – gerade wenn sie alt sind und nur noch schwer einen Kredit bekommen. Eventuell müssen sich diesbezüglich die Strukturen ändern. Ein möglicher Lösungsansatz wäre es beispielsweise, wenn sich Eigentümer und engagierte Bürger zusammentun und gemeinsam die Sanierung der Gebäude angehen. Eine andere Chance sehe ich in dem Trend zum Leben auf dem Land. Das könnte Menschen anziehen, die gern in einer Kleinstadt und im Fachwerk leben möchten – und entsprechend investieren.

Veröffentlicht: 2. Oktober 2020

9. Ausblick

Das Altern und Schrumpfen setzt sich fort – daran lassen Bevölkerungsprognosen kaum einen Zweifel. Sie unterscheiden sich zwar im erwarteten Ausmaß des Wandels. In drei zentralen Aussagen stimmen Berechnungen des Landesamts für Statistik (bis 2028) und der N-Bank (bis 2040) jedoch überein:

- Einbecks Gesamtbevölkerung nimmt weiter ab.
- Die Zahl der Erwerbsfähigen sinkt deutlich.
- Der Bevölkerungsanteil der Senioren steigt.

Eine schnelle Umkehr dieses Trends, auf die mancher hofft, ist praktisch ausgeschlossen. Das zeigt nicht nur die übereinstimmende Tendenz der Prognosen, sondern auch die heutige Bevölkerungsstruktur: Das Geburtendefizit der vergangenen Jahrzehnte hat dazu geführt, dass die jüngeren Altersgruppen von Jahrzehnt zu Jahrzehnt kleiner geworden sind. Damit ist auch die Zahl potenzieller Eltern gesunken, sodass selbst eine deutlich höhere Geburtenrate den Rückgang der Gesamtbevölkerung kurzfristig kaum aufhalten würde.

Einbecker Bevölkerung nach Altersgruppen

Alter in Jahren	Personen
0 - 10	2.491
10 - 20	2.635
20 - 30	3.016
30 - 40	3.204
40 - 50	3.470
50 - 60	5.413

Stand: 2019; Quelle: Niedersächsisches Landesamt für Statistik

Schnell wirksam wäre dagegen Zuwanderung – gleichgültig ob aus dem Inland oder Ausland. Nach aller Erfahrung reichen jedoch selbst starke Wanderungsgewinne nicht aus, um das Geburtendefizit auszugleichen, das sich aus dem Überhang der Sterbefälle gegenüber den Geburten ergibt. Beispiel 2015: Während der großen Flüchtlingsbewegungen verzeichnete Einbeck mit 195 Personen den mit Abstand höchsten Wanderungsgewinn der vergangenen 20 Jahre. Das genügte jedoch nicht, um die Bevölkerungszahl stabil zu halten – am Jahresende lebten in der Stadt 13 Menschen weniger als zu Jahresbeginn.

Bevölkerungsentwicklung und Wanderungen

	Geburtendefizit (Geburten – Sterbefälle)	Wanderungssaldo (Zuzüge – Fortzüge)	Einwohnerzahl (Veränderung)
2010	-217	-136	-353
2011	-205	-75	-280
2012	-167	-107	-274
2013	-221	53	-168
2014	-226	-11	-237
2015	-208	195	-13
2016	-204	-50	-254
2017	-181	36	-145
2018	-177	59	-118
2019	-188	44	-144

Quelle: Niedersächsisches Landesamt für Statistik

Muss sich Einbeck also mit den Veränderungen abfinden? Ja und Nein.

Ja: Die Stadt kann den Prozess des Alterns und Schrumpfens auf absehbare Zeit nicht aufhalten. Es ist wichtig, dass alle Akteure diese Tatsache akzeptieren und den Wandel so gut wie möglich gestalten.

Nein: Auch wenn die Einwohnerzahlen sinken, kann Einbeck neue Bürger für sich gewinnen. Je besser dies gelingt, desto mehr Zeit bleibt zur Anpassung und umso lebendiger bleibt die alternde Stadt.

Diese doppelte Aufgabe – das Schrumpfen gestalten und bremsen – zieht sich durch alle Handlungsfelder.

Bauen und Wohnen

Eine der zentralen Fragen der Einbecker Wohnungspolitik lautet: Wie viel Neubau kann sich die Stadt bei andauernden Bevölkerungsverlusten leisten? Die Verwaltung mahnt aus guten Gründen zur Zurückhaltung. Denn: Neue Immobilien stehen in Konkurrenz zum Bestand. Ein Übermaß an Neubau droht daher den ohnehin vorhandenen Leerstand in den Ortschaften und der Kernstadt zu erhöhen. Zudem steigen mit jedem Neubaugebiet die Kosten der Infrastruktur, während die Unterhaltung und Sanierung in Zukunft von weniger Bürgern zu finanzieren sein wird.

Nach hitzigen Diskussionen über die Zukunft der Dörfer zeichnet sich in der Einbecker Politik ein sinnvoller Kompromiss ab: Neue Baugebiete entstehen nur noch in Ortschaften, die Bauwilligen kein ausreichendes Angebot an Baulücken und bestehenden Häusern bieten können. Auch für die Kernstadt gilt: Neubau mit Augenmaß. Im Süden Einbecks ist ein überschaubares Neubaugebiet in Laufnähe zum Zentrum geplant.

Die Kehrseite: Wer Neubaugebiete knapp hält, muss den Kauf von Baulücken und Häusern so attraktiv wie möglich machen. Hier hat Einbeck Schwächen, die die Stadt dringend abstellen muss. Es fehlt an Transparenz, wo Gebäude und Grundstücke zum Verkauf stehen oder in absehbarer Zeit zum Verkauf stehen werden. Zugegeben: Diese Übersicht zu schaffen, ist keine einfache Aufgabe. Kein Privateigentümer muss Auskunft erteilen, ob er sich – zum Beispiel aus Altersgründen – von seiner Immobilie trennen möchte oder ob er einen großen Garten bei Interesse als Bauplatz zur Verfügung stellen würde. Dennoch ist es die Mühe wert, wenn die Strategie „Bestand vor Neubau" erfolgreich sein soll. Dazu muss das Angebot an Baulücken und Bestandsgebäuden ähnlich transparent sein wie das Angebot an Neubaugebieten. Ein Schritt in die richtige Richtung könnte eine geplante Internetpräsenz der südniedersächsischen Fachwerkstädte Einbeck, Northeim, Duderstadt, Hann. Münden und Osterode („Fachwerk5Eck") werden: Die Plattform soll Eigentümern unter anderem die Möglichkeit bieten, Gebäude in den Ortskernen sowie Baulücken zu vermarkten. Die technische Grundlage für ein transparenteres Angebot wäre damit geschaffen. Im zweiten, schwierigeren Schritt müssen Immobilienbesitzer allerdings motiviert werden, die Plattform auch zu nutzen.

Mindestens ebenso groß sind die Herausforderungen durch leer stehende Fachwerkhäuser im Stadtzentrum. Seit Jahren engagieren sich Bürger für den Erhalt denkmalgeschützter Gebäude. Sie dekorieren ungenutzte Schaufenster, vermitteln Kontakte zwischen Eigentümern und Interessenten, sanieren selbst alte Häuser oder entwickeln andere kreative Ideen.

Auch in die politische Diskussion ist Bewegung gekommen. So werden mit den Mitteln eines Förderprogramms weitere

Ehrenamtliche gesucht, die die etablierte Sch(I)aufenster-Initiative dabei unterstützen, ihre Arbeit auszubauen. Als Vorbild gilt eine Bürgergruppe im hessischen Wanfried, die sich seit 2006 für die Sanierung und moderne Nutzung von alten Häusern engagiert. In Wanfried spielt unter anderem ein Fachwerk-Musterhaus als Bauberatungs- und Informationszentrum eine wichtige Rolle. Die Beratung dreht sich etwa um Barrierefreiheit, Baustoffe, energetische Sanierung und Finanzierung. Auch Einbecker Akteure haben begonnen, sanierte Fachwerkhäuser als Vorbilder in den Blickpunkt zu rücken.

Die Aufmerksamkeit ist also da – doch die Probleme sind immens. Zur Erinnerung: Nach Zahlen von 2018 sind fast 30 Prozent der Hauptgebäude in der Einbecker Innenstadt von Leerstand betroffen. Politik, Verwaltung und kommunale Gesellschaften sollten deshalb ihren Einsatz erhöhen und den Ehrenamtlichen wo immer möglich unter die Arme greifen. Dafür gibt es eine Reihe vielversprechender Optionen, die teils schon im Bürgermeisterwahlkampf diskutiert wurden. Drei Beispiele:

• Die Stadtverwaltung schafft in leer stehenden Räumen der Innenstadt eine Zweigstelle des Bürgerbüros. Damit erhöht sie die Bürgernähe und sendet das Signal, dass sich für ungenutzte Gebäude sinnvolle Nutzungen finden lassen. Zugleich leistet sie einen Beitrag, den Publikumsverkehr in der Fußgängerzone zu erhöhen.

• Die Einbecker Wohnungsbaugesellschaft (EWG) erwirbt pro Jahr mindestens ein leer stehendes Fachwerkhaus, das sie saniert und vermietet. In den Gebäuden kann beispielsweise barrierearmer Wohnraum für Senioren entstehen, die von kurzen Wegen zu Geschäften oder Ärzten in der Innenstadt profitieren. Andere Häuser könnte die EWG zu günstigen Preisen an Gründer vermieten, die ihre Firma im Stadtzentrum ansiedeln möchten.

• Die Stadtverwaltung oder Einbeck Marketing richtet eine hauptberuflich besetzte Geschäftsstelle für Leerstandsmanagement ein, die die Ehrenamtlichen unterstützt. In der Kernstadt betrifft das in erster Linie die Bürgerinitiative, in den Dörfern die Ortsbürgermeister. Eine Aufgabe könnte beispielsweise darin bestehen, kontinuierlichen Kontakt zu Grundstücks- und Hausbesitzern zu pflegen, um sie zum richtigen Zeitpunkt für eine transparente Vermarktung ihrer Immobilien zu gewinnen.

Jeder dieser Vorschläge führt bei der Stadt zu Mehrkosten oder entgangenen Einnahmen. Trotz knapper Mittel sollten sich Politik und Verwaltung davon nicht abschrecken lassen. Wesentlich teurer als heutige Investitionen ist Verfall, denn künftige Sanierungskosten türmen sich weiter auf, während die Anziehungskraft der Altstadt für Touristen schwindet. Hoffnungen auf Finanzierungsmöglichkeiten für neue, innovative Konzepte verbinden sich mit der Teilnahme am Förderprogramm „Smart City" des Bundesinnenministeriums, um die sich Einbeck nach einem Beschluss von Anfang 2021 gemeinsam mit den niedersächsischen Großstädten Göttingen, Oldenburg und Hannover bewerben will.

Wirtschaft und Arbeit

Die coronabedingte Rezession hat viele Unternehmen in den Krisenmodus versetzt – das gilt auch für Einbeck. 2020 ist die lokale Arbeitslosenquote spürbar gestiegen, Firmen bangen um ihre Existenz. Mit dem erwarteten Abklingen der Krankheitswelle dürfte ein Problem in den Fokus rücken, das von den Folgen der Pandemie überlagert wurde: der Fachkräftemangel.

Bereits heute listet die Arbeitsagentur Göttingen im Agenturbezirk – inklusive Einbeck - eine Vielzahl von Mangelberufen auf. Vieles spricht dafür, dass diese Liste wächst, wenn sich die Babyboomer nach und nach in den Ruhestand verabschieden. Dieser Prozess hat bereits begonnen und wird bis etwa 2035 andauern. Zwar werden die Unternehmen nicht jede frei werdende Stelle 1:1 wiederbesetzen wollen. Teils fallen Aufgaben weg, etwa durch Automatisierung und Digitalisierung, teils kommen neue hinzu. Dennoch ist die Herausforderung immens, wie der Bevölkerungsvergleich zeigt: Mehr als 5.400 Einbeckern zwischen 50 und 60 Jahren stehen nur gut 2.600 Einbecker zwischen 10 und 20 Jahren gegenüber, die gerade ins erwerbsfähige Alter gekommen sind oder es im kommenden Jahrzehnt erreichen. Rein zahlenmäßig kann der Nachwuchs die ausscheidenden Mitarbeiter also keinesfalls ersetzen. Hinzu kommt, dass viele junge Einbecker die Stadt nach dem Abitur zum Studium verlassen und nach dem Abschluss häufig nicht zurückkehren.

Angesichts dieser Zahlen ist es sehr wahrscheinlich, dass Firmen künftig noch stärker auf Bewerber von außerhalb angewiesen sein werden. Das Problem betrifft nicht nur Einbeck, sondern das gesamte südliche Niedersachsen. Es ist daher sinnvoll, dass die Region die Herausforderung gemeinsam angeht und – wenn auch spät – an einer gemeinsamen Strategie für das Fach-kräftemarketing arbeitet.

Optimisten verweisen auf einen Trend zum Landleben, der im verschärften Wettbewerb mit Ballungsräumen zum Vorteil werden könnte. Die These: Gerade in der Corona-Pandemie seien negative Seiten des Großstadt-Lebens wie beengte Wohnverhältnisse spürbar geworden, während Kleinstädte und Dörfer mit bezahlbaren Immobilien und Erholungsmöglichkeiten in der Natur punkten. Die Argumentation ist nachvollziehbar. Offen ist allerdings, inwieweit aus einem Wunsch nach ländlichem Leben tatsächlich relevante Wanderungsbewegungen resultieren.

Um Menschen zum Umzug zu bewegen, muss die Region ein überzeugendes Gesamtpaket bieten, zu dem attraktive Arbeitsplätze, passende Immobilien und leistungsfähige Angebote für Kinderbetreuung, Bildung und Mobilität gehören. Eine vielversprechende Zielgruppe sind die bislang eher vernachlässigten Rückkehrer – also Menschen, die in Einbeck bzw. Südniedersachsen aufgewachsen sind, ihre Heimat aber für Ausbildung oder Beruf verlassen haben. Hier könnte die Region mit Argumenten punkten, die sonst niemand hat: familiäre Bindungen, Freundschaften vor Ort, möglicherweise eine Immobilie, die in Zukunft vererbt werden soll. Vorbilder finden sich beispielsweise im nahen Sachsen-Anhalt, wo verschiedene Städte und Landkreise bereits seit Jahren bei Rückkehrertagen für sich werben.

Medizin und Pflege

Für die Pflegebranche wie die Medizin dürften die kommenden Jahre eine doppelte demografische Herausforderung bringen: Personalknappheit auf der einen, hoher Versorgungsbedarf einer alten Bevölkerung auf der anderen Seite. Zahlen der Arbeitsagentur zeigen, dass die Pflege schon heute zu den am stärksten vom Fachkräftemangel betroffenen Branchen gehört. Mit der sinkenden Zahl der Erwerbsfähigen dürften sich diese Probleme weiter verschärfen. Ähnlich bei der ärztlichen Versorgung: Nach einer Prognose der Kassenärztlichen Vereinigung wird bis 2030 jeder dritte niedergelassene Mediziner die Praxis aus Altersgründen aufgeben, während der Nachwuchs oft nur schwer für die Arbeit auf dem Land zu begeistern ist. Gleichzeitig wird der Bevölkerungsanteil der Senioren steigen, sodass von einem wachsenden Bedarf an ärztlicher Betreuung auszugehen ist.

Für Pflege wie ärztliche Versorgung gilt: Die Handlungs-möglichkeiten einer Kommune sind begrenzt. Damit ist allerdings nicht gesagt, dass Einbeck nicht auch selbst aktiv werden kann. Zwei Beispiele:

Senioren-WG: Bereits 2019 wurde im Stadtrat die Idee einer Wohngemeinschaft diskutiert, in der Senioren gemeinsam alt werden. Der Vorteil besteht nicht nur darin, dass die Bewohner Kontakte pflegen und den Alltag teilen können. Gegenseitige Unterstützung kann ebenfalls dazu beitragen, den Bedarf an professioneller Pflege zu reduzieren. Auch deshalb bietet sich das Konzept für eine Umsetzung in der nächsten Wahlperiode an – am besten an einem innenstadtnahen Standort mit kurzen Wegen.

Stipendien für angehende Ärzte: Durch die bevorstehende Ruhestandswelle unter Einbecks Medizinern werden in den kommenden Jahren viele Praxen von Haus- und Fachärzten frei. Sollte es zu den befürchteten Schwierigkeiten bei der Nachfolge-Suche kommen, kann die Stadt mit kommunalen Stipendien für Medizin-Studenten aus der Region gegensteuern. Der Deal: Die angehenden Ärzte erhalten während ihres Studiums finanzielle Unterstützung und verpflichten sich im Gegenzug, sich nach ihrer Ausbildung in Einbeck niederzulassen. Vorbilder für ähnliche Programme existieren in mehreren Landkreisen Nord- und West-Niedersachsens.

Kinder und Familie

Eine Dorfschule – Dassensen/Holtensen – hat die Stadt Einbeck in den vergangenen Jahren geschlossen. Zwei weitere Standorte – Greene und Wenzen – sind dem Aus knapp entgangen. Für die Laufzeit des Schulentwicklungsplans bis 2024 können Eltern, Schüler und Lehrer aufatmen. Allerdings dürfte dies kaum das Ende der Diskussion sein. Die Grundkonstellation bleibt: Hinter vorerst stabilen Grundschülerzahlen für das Stadtgebiet verbergen sich ungleiche Entwicklungen an einzelnen Standorten.

Dies verdeutlicht eine Berechnung der Verwaltung, die bis zum Schuljahr 2025/26 reicht. Demnach bleibt die Zahl aller Grundschüler mit rund 1.000 konstant. Zugleich zeichnen sich für einzelne Standorte spürbare Rückgänge ab. Mittelfristig gilt: Kleine Dorfschulen schweben in latenter Gefahr.

Bei den jüngeren Kindern im Krippen- und Kita-Alter muss die Politik eine zentrale Frage beantworten: Welchen Anspruch hat Einbeck in der Kinderbetreuung? In der Eigenwahrnehmung ist Einbeck eine familienfreundliche Stadt mit schöner Natur, guter Jugendarbeit und vergleichsweise moderaten Immobilienpreisen. Unklar ist, ob Einbeck die Familienfreundlichkeit zum wahrnehmbaren Standort-Vorteil ausbauen und aktiv vermarkten will. Falls sich die Stadt für diesen Weg entscheidet, dann braucht es beispielsweise mehr Ehrgeiz beim Ausbau der Krippen – ein quantitativer Überhang der Betreuungsplätze im Vergleich zur Nachfrage kann noch nicht als Erfolg gelten. Um sich von anderen abzuheben, müsste die Stadt ihre Standards spürbar anheben und dies auch für Außenstehende sichtbar machen.

Zugleich sind bessere Betreuungsangebote eine gute Voraussetzung, um die Erwerbsbeteiligung zu erhöhen. Je flexibler die Öffnungszeiten von Krippen und Kitas, desto leichter fällt es Eltern, nach der Geburt wieder zu arbeiten. Auch das wäre ein Beitrag zur Milderung des Fachkräftemangels.

Auf dem Dorf

Wie komme ich weg aus meinem Ort? Gerade auf dem Land entscheidet die Mobilität in hohem Maße über die Lebensqualität von Menschen, die noch nicht oder nicht mehr Auto fahren. Mit dem demografischen Wandel betrifft das Problem eine steigende Zahl von Seniorinnen und Senioren, die beispielsweise keinen Führerschein haben, aber den Arzt, den Supermarkt oder Verwandte besuchen wollen.

In Einbeck existieren für dieses Mobilitätsproblem erste Lösungsansätze wie eine Mitfahrerbank in Hullersen oder Fahrsicherheitstrainings für Senioren. Was bislang fehlt, ist eine verlässliche Dauerlösung für das ganze Stadtgebiet. Ein solches Konzept zu entwickeln, ist gerade bei sinkenden Einwohnerzahlen nicht einfach: Je weniger Menschen in einem Ort leben, desto schwieriger finden sich Mitfahrgelegenheiten und umso weniger lohnen sich klassische Busverbindungen. Es ist deshalb besonders wichtig, dass Einbeck neue, auch unkonventionelle Ideen erprobt und angekündigte Modellprojekte nicht am Geld scheitern.

Ein wichtiger Vorteil bei der Lösungssuche ist der Ausbau des schnellen Internets, den rund 20 Einbecker Ortsteile in Eigenregie angeschoben haben. Die Dörfer schaffen damit nicht nur bessere Voraussetzungen für Arbeit im Homeoffice oder die Nutzung von Streaming-Diensten. Sie ermöglichen auch moderne Mobilitätslösungen, die Angebot und Nachfrage über Apps oder andere Online-Plattformen zusammenbringen.

Fazit

Vom Leerstand über den Fachkräftemangel bis zur Mobilität auf dem Dorf: Der demografische Wandel stellt Einbeck vor gewaltige

Herausforderungen. Die gute Nachricht lautet: Die Stadt hat durchaus Optionen, um das Altern und Schrumpfen der Bevölkerung zu gestalten und in begrenztem Maß neue Bürger zu gewinnen. Sie kann beispielsweise das Wohnen im Fachwerk attraktiver machen, um Rückkehrer werben oder den Ausbau der Kinderbetreuung mit mehr Ehrgeiz angehen. Das Geld ist knapp – das gilt in Einbeck schon seit Jahren. Die coronabedingte Rezession wird die Situation voraussichtlich noch verschärfen. Allerdings sollte Finanznot kein Grund sein, wichtige Projekte auf die lange Bank zu schieben. Zum einen müssen Maßnahmen wie die Veranstaltung von Rückkehrertagen oder eine bessere Vermarktung von Baulücken nicht teuer sein. Zum anderen ist es allemal billiger, jetzt zu handeln, als dem Wandel zuzusehen. Darüber hinaus gilt: Einbeck ist nicht allein. Etliche Nachbar-Kommunen sind in einer vergleichbaren Situation. Kooperationen innerhalb Südniedersachsens bieten sich auch in Zukunft an, um voneinander zu lernen, Kosten zu teilen oder Fördermittel zu akquirieren.

Anmerkungen:

[1]Die Daten stammen aus der 14. koordinierten Bevölkerungs-vorausberechnung von 2019.

[2]Stand: 31. Dezember 2018 / Quelle: Landesamt für Statistik Niedersachsen

[3] In allen Daten zum heutigen Stadtgebiet sind auch die Bewohner der ehemaligen Gemeinde Kreiensen enthalten, die seit der Fusion 2013 zu Einbeck gehört.

[4]Die Bertelsmann-Stiftung hat eine neue Bevölkerungsprognose auf Basis aktualisierter Daten angekündigt.

[5]In Einbeck sank die Arbeitslosenquote von 7,4 Prozent im Oktober 2010 auf 5,1 Prozent im Oktober 2019. Während der Corona-Krise ist die Erwerbslosigkeit auf 5,9 Prozent (Oktober 2020) gestiegen. Die Daten beziehen sich auf den Geschäftsstellenbezirk Einbeck (mit Dassel) der Arbeitsagentur Göttingen.

[6] Ende 2018 wurde der Einbecker Stadtverwaltung für drei Jahre das Zertikat zum Audit berufundfamilie verliehen. Das Qualitätssiegel wurde von der Hertie-Stiftung initiiert. Es bestätigt eine familien- und lebensphasenbewusste Personalpolitik.

[7] Der Vergleich beruht auf der Einwohnerstatistik der Stadt Einbeck (Stand: 1.5.2020). In der Mehrzahl der Fälle bezieht sich dieses Buch auf Daten des Landesamts für Statistik, die besser verfügbar und vergleichbar sind. Aufgrund unterschiedlicher Ermittlungsmethoden weist das Landesamt etwas niedrigere Bevölkerungszahlen aus als die Stadt.

Anmerkungen:

Altes Einbeck

Anmerkungen:

MIX

Papier | Fördert
gute Waldnutzung

FSC® C083411

Zeitfracht Medien GmbH
Ferdinand-Jühlke-Straße 7
99095 Erfurt, Deutschland
produktsicherheit@kolibri360.de